孤独死大国

予備軍1000万人時代のリアル

菅野久美子

双葉文庫

孤独死大国

予備軍1000万人時代のリアル

目次

第一章　孤独死予備軍１０００万人の衝撃　7
第二章　遺された家族の苦悩　47
第三章　セルフ・ネグレクトと孤独死　93
第四章　支え合いマップで孤独死予備軍を防げ！　121
第五章　見守りサービスの手前にある孤独　169
第六章　「一人で生きること」と孤独死の間にある大きな溝　193
おわりに　コミュニティに出会うということ　245
文庫版あとがき　249

特記のない限り、団体・役職の名称や個人の年齢は取材を行った二〇一七年当時のものとします。

第一章　孤独死予備軍1000万人の衝撃

孤独死の現場とは？

誰にも看取られることなく、ひとり、部屋で最期を迎える孤独死——。

ニッセイ基礎研究所によると、現在その数は年間約3万人と言われている。そして、同研究所は、この数は今後さらに増えるだろうと予測している。生涯未婚率の増加などによって、単身世帯は年々増加の一途をたどっているからだ。2030年には、3世帯に1世帯が単身世帯となる計算だ。

単身世帯が右肩上がりで増え続ける現在、孤独死は誰の身に起こっても不思議ではない。平成28年版の高齢社会白書によると、孤立死（孤独死）を身近な問題だと感じるという人は、単身世帯の高齢者で4割を超えている。いつ自分の身に孤独死が起こっても不思議ではないという不安を抱えて生活している人がこれだけいるということだ。

孤独死は、孤立死とも呼ばれる。孤立死と孤独死の明確な違いはないが、行政では孤立死という言葉を使うことが多いようだ。ただし、この2つの言葉の定義は自治体や専門家ごとにバラツキがある。本書では2つを同列に扱い、引用等以外では孤独死と呼ぶことにする。

これだけ社会的に注目を集めている孤独死であるが、年間3万人という数字をざっと身近な単位に置き換えてみると、1日当たり約82人、1時間に約3人以上という計算になる。自殺者が近年3万人を切ったことからしても、途方もない数であることがわかる。

このような状況をもっとも如実に表しているのは、人が亡くなった後の部屋をリフォーム・転売する不動産業界の活況である。私は以前に出版した本で、事故物件と呼ばれる、人が亡くなった後の不動産の取材を行っていた。

そして取材した事故物件の大半が、孤独死のケースだった。

人が亡くなった後の物件は、その凄まじい臭いや染み込む体液などから、高額なリフォームが必要になるものが多い。都心のマンションなどよほどの好条件でない限り買い叩かれ、通常の4~5割も安値で取引される。遺族が相続を拒否する場合も多く、地方のマンションや一戸建てなどは、0円やそれに近い金額で取引されることもザラだ。

私が孤独死に興味を持ったのは、この一連の不動産ビジネスの取材で、故人の生活実態を見聞きするようになったからだった。

ここではすべての事例は紹介できないが、現在一人暮らしだったり、これから老後を迎える人にとって、もっとも反面教師になりそうなものを紹介したいと思う。

2015年12月26日。私は千葉のとあるマンションの一室にいた。男性が孤独死したという物件で、遺体が発見されたときは、すでに死後半年が経過していたのだという。

「菅野さん、例の物件、購入手続き終わったよ。良ければ年末に一緒に見に行かない？」

事故物件、つまり自殺や殺人などで人が亡くなった物件を専門に扱う不動産屋である白石千寿子さんから連絡を受けたのは11月のことだった。ほどなく、朝早くに千葉県某所の駅前で待ち合わせすることになった。

死後半年と聞くと特殊なケースと思われるかもしれないが、高断熱だったり、気密性の高いマンションでは、訪問者でもない限りそれくらい見つからないことはよくある。長期間放置されてきたこともあり、その臭いは凄まじいものだったようで、数多くの事故物件を相手にしてきた白石さんも、引き渡しの際に一度だけ部屋に入ったときに臭いを嗅いでしまい、卒倒しかけたそうだ。

死後半年放置されて腐敗し続けたという時間の経過が大きいが、今回は人だけではなく、他にも臭いの原因があった。

「菅野さん、実はね、今回の物件は、人が亡くなっているだけじゃないの。ペット数匹も一緒に死んでる物件なんだ」

「ええ～っ（しばし絶句）」

気持ちがズドーンと沈んだ。

「そのまま犬と猫も一緒に死んでたの。それで発見されないまま死後半年でしょ。ワンちゃん猫ちゃんもみんなお部屋の中で死んじゃったんだ。だから、部屋の臭いがいつも以上にすごくてさ。1回特殊清掃は入れたんだけど、それでもまだ臭いがお部屋に残ってると思う」

「そうなんですか……。覚悟しときます」

飼い主が死んでも、犬と猫たちはしばらくはその部屋で、まだ生き続けていたはずだ。水も食べ物もなくなり、苦しみの果てに餓死したのだろうか。それとも、暑さのせいで脱水症状でも起こしたのだろうか。

白石さんを待つ間、薬局で購入したマスクをバッグの隙間から確かめた。

「絶対マスク持ってきてね。臭いすごいから」

そう白石さんから言われていたからだ。

男性が住んでいたマンションは、最寄駅から車で10分ほど走ったところにある、丘陵地帯を切り拓いた住宅地の中にあった。

正面玄関にはヨーロピアン風の黒いライトが所々に設置されており、クリーム色の重厚な外観は高級マンションそのもの。玄関前のエントランスには南国をイメージしたのかヤシの木が植えられていて、そこだけ海外のリゾート地のような雰囲気を醸し出している。

1階のエントランスからチラリと見える共用庭の真ん中には噴水があり、それを囲むようにして、緻密に設計されたと思しき艶やかなガーデニングが、いかにもデザイナーズといった感じで配置されている。

エントランスにはラタンで編まれた椅子とテーブルが置かれてあり、それらはすべて清潔感のある白で統一されている。築1年ということもあり、隅々まで徹底して清掃が行き届いている。思わず物件価格はいかほどかと想像してしまう。そしてその先には黄色系で統一された巨大な生花が、これでもかと飾られていた。

最近の新築マンションって、こんなにすごいのだろうか。しかし、そんな高級マンションの後ろには、古ぼけた団地がヌーッと鎮座している。あまりの落差に少しクラクラする。

「ここって、めちゃくちゃ高級マンションですよね」

思わず口に出すと、白石さんは、「ねー。すごいでしょ。だからなおさら事故物件っていうレッテルが貼られてしまうのが、もったいないんだよね」と応じた。

行き交う人々は、小さな子供を持つ若いファミリーや、ブランドものっぽいお召し物をまとったおばさまなど様々だ。すれ違うと皆お辞儀をして挨拶してくれる。エレベーターまで向かう最中には、丁寧に切り揃えられた植栽が柔らかな雰囲気を演出していた。

案内されたのは、エレベーターにほど近い角部屋だった。

白石さんは、人が亡くなったお部屋に入る前に必ずマントラを唱える。それは私に、これから入る部屋で孤独死があったという現実を突きつける。

慣れた手つきで白石さんがドアを開けると、大きめの扉が軋んだ音を立てた。室内にこもったムッとするような熱気が玄関に押し寄せてきたような気がした。

真冬なのに、なぜこの部屋の空気はこんなに生ぬるいのだろうか。もう少し注意深く嗅覚を働かせると、甘ったるい腐臭のようなものが鼻をついた。

「ウッ」と一瞬鼻をしかめたが、中に入れないほどの強烈な悪臭ではない。ただ、部屋の中に充満するほこりっぽい熱気とともに、フワーッとしたなんとも言えない異様な臭いが漂ってくる。

「でも、だいぶ臭いはマシになったね。前来た時はもっとひどかったんだから」

孤独死で、死後半年経過――。専門の業者をもってしても、1回の清掃では完全に消し去ることのできないその臭いは、清掃を行う前の部屋の壮絶な状況を物語っているような気がした。

死体は、長く放置すればするほど、部屋に死臭がこびり付いて消すことが困難になる。私はそれを身をもって体験したというわけだ。

玄関の電気を探し当てると、夕刻の闇に包まれた室内が、白熱灯でパッと明るくなった。室内の全景が一気に目の前に広がった。

部屋の間取りは3LDK。目の前にはダークブラウンの木目調のフローリングの廊下があり、廊下の左右にそれぞれ6畳ほどの居室がある。右手には、洗面所と風呂場、そして洗濯機スペースがあり、左手にはトイレ、そして、奥にはダイニングキッチンという、一般的なマンションにありがちな間取りらしかった。

居室のドアは通気を良くするためなのか、どれも開け放たれている。

それにしても、明らかにファミリー向けと言える、こんな広い物件に男性は一人で住んでいたというのだろうか。

「男性はどこで亡くなったんですか？」

「この右の部屋だよ。死因は時間が経ちすぎてわからないんだけど、たぶん病死じゃないかな」

私は、まず男性が亡くなった部屋に入ることにした。

玄関からすぐ右手の、6畳ほどの居室だ。寝室などに使う部屋だろう。死後半年経過した遺体があった場所という割には、思ったよりもこぎれいな印象である。ただ、部屋の隅には、白や茶色っぽい毛のようなものが所々見える。白石さんに尋ねると、やはりそれはペットの体毛らしく、一部が皮膚とともに溶けてこびり付いているとのことだった。サーッと腕に鳥肌が立っていく……。

また、フローリングにはうっすらと灰色のほこりが降り積もっているのがわかった。それらの全体的に起伏のあるほこりの層を見ると、男性は生前ズボラで、あまり掃除をするような性格ではなかったと思われた。部屋を見渡すと、床に近い場所の壁紙が透明のビニールテープで補強されている。そこだけ壁紙がペロリとめくれているので、ガードするためだろう。

これはおそらく猫が爪とぎした跡ではないかとピンと来た。床面から約30㎝のところにあるその壁紙のあとに、男性とペットたちの痕跡を感じて胸が詰まってしまう。

白石さんは、男性が孤独死した状況について語る。おそらく60代、関東圏内に男性の妹がいるが、20年以上も音信不通だったという。

「ご近所との付き合いもなかったみたいなの。管理人さんもこのマンションで初めて管理人になったらしく、あまり住人には干渉しなかったみたい。私がポストに入っていた郵便物を分別するために見てたら、動物病院からのハガキが1枚と、男性が所有していた車のディーラーと、ヤナセからのハガキの合計3枚しかないの。

それと市の水道局からの督促状が3枚。つまり半年分。これは一体なんなんだと悲しくなったね。とにかく私が手掛けてきた物件で、一番臭いがひどかったしね。なんで半年も気付かれなかったのか。みんな他人に興味がないんだと思っちゃった。でも、そんな世の中っておかしいよね」

白石さんの一言は、私の胸にグサリと突き刺さった。誰も他人に興味がない、それが孤独死を生んでいる——。それは孤独死の真実の一面を言い表しているように思えたからだった。

平成27年版の高齢社会白書によると、60歳以上の高齢者全体では毎日会話をしている人が9割を超えているのに対して、一人暮らしの男性は約3割、女性は約2割が、2〜3日に一度以下となっている。近所付き合いに関して見てみると、一人暮らしで「つきあいはほとんどない」と回答した女性はわずか6・6%であるのに対して、男性は17・4%と極端に高い。つまり60歳以上の一人暮らしの男性は、近所付き合いや人との交流がなく、頼れる人がいない人が多いというのが現実なのである。

この千葉の物件の男性は、新築のマンションで一人暮らし。少なくとも経済的には何不自由ない生活を送っていた。

だが、近所や親族との付き合いはなく、人間関係がほとんどなかったのだと思われる。その結果として男性は、孤独死という最期を迎えたのである。

孤独死をめぐる時代の変遷

孤独死については、次のような記述と時代の変遷がある。

例えば大辞林（第三版）では、孤独死について、

【だれにもみとられずに、死亡すること。特に、一人暮らしの高齢者が自室内で死亡し、死後しばらくしてから遺体が発見されるような場合についていう】

と書いている。

これが一般的なイメージではないだろうか。

孤独死という単語は、2006年に大辞林（第三版）に、2008年に初めて広辞苑（第六版）に正式に収録された。「看取る人もなく、一人きりで亡くなる」という意味で、孤独死という言葉がこのころから市民権を得たわけである。それまで、辞書には孤独という単語しかなかった。

つまり2000年代後半に入って以降、孤独死というキーワードが世間的に定着し、無視できないものになったということの表れだ。ニッセイ基礎研究所によると、孤独死は1999年から10年間で約3倍に増えている。

東京都監察医務院では、孤独死を「異状死の内、自宅で死亡した一人暮らしの人」と

定義している。通常、人が亡くなった時点で病死と判明している場合は、自然死として処理される。異状死とは、自殺や事故死だったり、そもそもの死因が不明な遺体のことだ。この異状死に該当すると、解剖などが行われることになる。

東京都監察医務院は東京23区内で異状死が出た場合に解剖を行う機関だが、そこではこの「異状死」のうち、自宅で亡くなった数を孤独死としてカウントし、その統計を毎年公表している。この統計が孤独死の数を知る数少ない手掛かりとなっている。

それを見てみると、東京23区において1987年には、男性788人、女性335人であったものが、ほぼ20年後の2006年になると、男性では2362人、女性では1033人となっており、20年前に比べて約3倍にも膨れ上がっている。

さらに、2015年のデータには、男性4995人、女性は2683人とある。東京23区で1年間に総数7678人が孤独死しているということになるわけだ。東京23区に限定しても、1日当たり約21人が孤独死で亡くなっているのである。さらに、これは20年前からの傾向なのだが、男性はだいたい女性の倍も多いという特徴がある。

実際に遺体が発見されるまでの平均日数についても東京都監察医務院は調べている。2006年のデータでは、男性は12日、女性では6・5日。孤独死が起こっても、男性のほうがなかなか見つけてもらえないということだ。

これは、死後半年が経過して発見された千葉のマンションの男性のケースにもピタリと当てはまるものだ。

遺体を誰にも見つけてもらえない期間が長いと、それだけ物件へのダメージも激しくなる。近年、マンションの構造そのものの気密性が高くなっているため、臭いが外に漏れづらいことも関係しているだろうと、白石さんは指摘している。

これだけ私たちの身の回りで頻繁に起こっている孤独死なのだが、厚生労働省は孤独死を明確に定義したり、人数の調査はしていない。

死後、何日目からが孤独死なのか。2日なのか2週間なのか。

地域や季節によって異なるが、一般的には遺体の腐敗が始まるのは死後24時間で、48時間を過ぎると腐敗によって変色が始まり、異臭がしてくるという。遺体に変化が表れてくるのが死後2日目であり、これを孤独死の一つの基準として考えることができる。冒頭に挙げたニッセイ基礎研究所の3万人という数字も、死後2日以上経過して発見されたケースを、23区の数字から全国の人口に当てはめて推計したものだ。

孤独死に対する公的な定義がないため、全国的な統計も行われていないのが実情だ。民間の調査機関やUR都市機構がそれぞれ独自の定義を定めてカウントしているだけである（ただ、内閣府の高齢社会白書では、「誰にも看取られることなく息を引き取り、その後、相当期間放置されるような『孤立死（孤独死）』」という書き方をしているが、死者数のカウントはしていない）。

URに取材を行ったところ、孤独死を以下のように定義しており、その発生件数を毎年カウントしているとの回答を得た。(取材時)

団地内で発生した死亡事故のうち、病死又は変死の一態様で、死亡時に単身居住している賃借人が、誰にも看取られることなく賃貸住宅内で死亡し、かつ相当期間(1週間を超えて)発見されなかった事故(ただし、家族や知人等による見守りが日常的になされていたことが明らかな場合、自殺の場合及び他殺の場合は除く)。

URの孤独死の定義は、死後1週間以上が要件だ。そして、たとえ1週間を超えていても、家族や知人と連絡を取っていた場合は、孤独死からは除外されることになる。死後1週間以上というこの新しい孤独死の定義ができたのは2008年のことで、それまでは死後の経過日数に関係なく、誰にも看取られずに住宅内で死亡したケースを孤独死とみなしていた。つまり2007年までは、死後2日や3日で発見された場合でも、孤独死としてカウントしていたのだ。

このURの毎年の統計は、孤独死の実態を知る上で貴重な資料であったのだが、「死後1週間」という新たな定義が作られて以降、URはメディアや孤独死に取り組む団体から指摘を受けることとなった。要するに、新定義は孤独死の数を意図的に「少なく見せようとしている」というのだ。URに新定義前と新定義後の孤独死の発生件数を取材したところ、2006年には517件だった孤独死の件数は、新定義になった2008年には、154件と確かに大幅減となっている。それ以上に問題なのは、遺体に変化が表れる2日目という基準ともかけ離れているように感じることだ。

しかしこれは、裏を返せばURが年々増え続ける孤独死に業を煮やしていることの証拠ではないだろうか。そのぐらい、孤独死が多く発生しているということだ。

国が孤独死について明確なデータを示そうとしないことも問題だ。

そんな国に対して、危機感を覚えた団地自治会もある。孤独死対策にいち早く乗り出した千葉県松戸市の常盤平団地だ。常盤平団地は一人の男性の孤独死をきっかけに、どこよりも早く「孤独死ゼロ作戦」を打ち出した。常盤平団地自治会は、これまで再三にわたって孤独死の定義や実態把握について厚生労働省に申し入れを行ってきた。

今回この本を書くにあたって再度、厚生労働省に確認したが、やはり孤独死の定義や実態把握は行っていないという。

大量孤独死時代がやってくる!

もちろん、孤独死の不安を抱えるのは、高齢者だけではない。ゆとり世代、団塊ジュニア世代は、生涯未婚率が高いことから、将来的に見ても他人事とは言えないのだ。実際、私と同世代の団塊ジュニアからは、「将来自分も孤独死するかも」という不安をよく耳にする。

孤独死が起こるメカニズムについていち早く目を付けたのが、冒頭に挙げた民間シンクタンクのニッセイ基礎研究所だ。

同研究所の前田展弘研究員らは、「長寿時代の孤立予防に関する総合研究～孤立死3万人時代を迎えて～」という研究成果を2014年に発表した。

前田研究員は、孤独死の前段階と言える「孤立」の予防に関して鍵を握るのは、人と人とのつながり、つまり「縁」だと主張する。縁には、血縁、社縁（職縁）、地縁、選択縁（趣味などを通じて生まれる縁）など、様々な種類がある。そのような縁がなぜ途切れてしまうのか、そこにスポットを当て予防策を探ろうという研究だ。

この研究が興味深いのは、孤立を高齢者だけの問題にしていないという点だ。前田研究員らは、対象をゆとり世代、団塊ジュニア世代、団塊世代、75＋世代と4つの世代に分けて、それぞれの「縁」がどうなっているか、ウェブアンケートによる大規模な調査を行っている。

孤独死は現在の高齢者だけでなく、これから高齢者となる世代にとっても身近な問題である。生涯未婚の場合だけではなく、結婚したとしても、遺された側はいつか必ず一人になる。今後高齢者となる私たちは、どうすれば将来の孤独死を防げるのだろうか。

また、今から何かできることはあるのか。

そのヒントとなるものが知りたくて、東京・市ケ谷にあるニッセイ基礎研究所の前田研究員を訪ねることにした。

前田研究員は団塊ジュニアのちょっと上の世代だという。

「自分の価値観やパーソナリティが将来、孤独死に結びつく孤立の危険を高めているのではないか。孤立しないために私たちは、仕事や家庭生活といった日常生活において、若いときからどういうことを普段から意識すればいいのか。解決策を探るためにこの調査を行ったんです」

孤独死と切っても切り離せないのが、「孤立」の問題だ。

前田研究員によると、「孤立」とは「家族や他人と一定の期間、コミュニケーションが絶たれた状態」のこと。孤独死予備軍とも言える孤立者をなくすことができるかどうかで、未来の社会は全く違うものになるという。前田研究員らがまとめた研究によると、家族以外の人と交流がない人の割合は、ＯＥＣＤ20か国の中で日本がダントツに高い。

さらに驚愕すべきデータがある。

前田研究員は前出の研究に当たって、まず社会的「孤立リスク」の評価指標を独自に開発した。日ごろの人とのコミュニケーションの状況をアンケート形式で各世代から聞き出すというものだ。ゆとり世代（23歳〜25歳）１６４７名、団塊ジュニア世代（39歳〜42歳）１８８９名、団塊世代（65歳〜67歳）１８６２名、75＋世代（75歳〜79歳）１１０５名の計６５０３名から回答を得た。

この調査では、「社会的孤立リスク」（以下「孤立リスク」）を、私たちが普段行っている人と人とのコミュニケーション「量」から測っている。「量」は、相手との関係性の程度と、その相手とどのくらいの頻度でコミュニケーションを行っているかという、コミュニケーションの「深さ」と「頻度」の2つから求められる。

この定義によって算出された各世代のコミュニケーション量に基づいて、「孤立リスク」を調べたものが「現在の『孤立リスク』レベル」である。それぞれの世代がどのくらい孤立の危険にさらされているかを示したもので、レベルが上がるほど日ごろのコミュニケーションが少なく、孤独死の危険が増すということになる。結果、ゆとり世代では16・0％、団塊ジュニア世代では14・4％、団塊世代では5・5％、75＋世代では5・0％が、もっともコミュニケーション量が少ないとされるレベル5であることがわかった。

この、社会的孤立が疑われるレベル5の割合を日本の人口で推計すると、恐るべき数字がはじき出された。

ゆとり世代で66万人、団塊ジュニア世代で１０５万人、団塊世代で33万人、75＋世代で36万人が、社会的に孤立していることが疑われる状況にあるというのである。

この数字を見ると、孤独死は高齢者だけの問題ではないことがわかるだろう。むしろ、ゆとり世代や、団塊ジュニア世代のほうが深刻だという結果に唖然とさせられる。これらの4世代を合わせると、240万人という数字に膨れ上がる。

しかも、この240万人という数字は、ゆとり世代を23歳～25歳、団塊ジュニア世代を39歳～42歳、団塊世代を65歳～67歳、75＋世代を75歳～79歳という、限られた年齢に代表させたものであり、その間の年齢は含まれていない。つまり、この年齢の間に位置する、26～38歳、43歳～64歳、68歳～74歳が、240万人という数字からは抜け落ちているのだ。

そこで、この研究のもとになった2010年の国勢調査の人口をもとに、ここからは自力でこの空白の部分を割り出してみることにした。

2010年当時、26歳～38歳の人口は約2209万人、43歳～64歳の人口は約3759万人、68～74歳の人口は約1034万人である。この人数に、ニッセイが出したそれぞれの世代の「孤立リスク」レベル5のパーセンテージの中間値（26歳～38歳であれば、23歳～25歳の16・0％と39歳～42歳の14・4％の中間ということで、15・2％。以下同）を掛けてみると、26歳～38歳は約336万人、43歳～64歳は約374万人、68歳～74歳は約54万人がレベル5に該当し、孤立が疑われる結果になった。

これをニッセイの研究結果である240万人と合わせると、なんとトータルで約1004万人に孤立が疑われるという計算になる（22歳以下、80歳以上は除く）。

つまり、わが国ではなんと約1000万人が様々な縁から絶たれ、孤立している状況にあると推測されるのだ。

これはあくまで私が独自に行ったざっくりとした概算で、正式な調査ではない。

しかし、この数字を孤独死予備軍だとすれば、日本には〝孤独死大国〟という未来が待ち構えていることになる。そう、現在の孤独死年間3万人は、そんな大量孤独死時代の序章に過ぎないということなのである。

暗澹たる気持ちになっていると、前田研究員はやや困った顔でこう語ってくれた。

「もちろんウェブアンケートに基づいた研究なので、これがそのまますべて現実だと断定できるわけではありません。でも、今の状況が変わらないのであれば、団塊ジュニア世代やゆとり世代も含めて、将来的に孤独死は増えていくと考えられます。ただ、これから行政や地域が孤独死対策に力を入れれば、減らしていくことは可能なんです」

研究所には行政などからの相談も多く、前田研究員らのアドバイスをもとに、孤独死対策に乗り出そうとしている自治体もあるという。

この研究では、「孤立リスク」の高い人の特徴も割り出している。先ほどの「孤立リスク」でレベル5だった各世代の属性を見てみよう。

まず全体としては、75＋世代を除いて、総じて女性に比べて男性が孤立のリスクが高いという結果になっている。

ゆとり世代では、未婚の場合にリスクが高く、職業別では、正規雇用者に比べて、パート・アルバイト、無職者が高い。世帯分類では、意外なことに単身世帯よりも親と同居している世帯のほうが高くなっている。年齢的に親と同居していることも多いから出た結果だろうが、いずれ親は亡くなることを考えると、属性としては将来の単身者予備軍だと言える。

団塊ジュニア世代では、未婚で単身生活者、職業では、正規雇用者に比べて非正規労働者が高く、無職（専業主婦も含む）者も高い。非正規労働は、収入や職場が安定せず人間関係も流動的になる。いわば〝職縁〟から切り離された属性が、「孤立リスク」を高める要因になるのは理解できる気がする。

ただし、これはあくまで属性に過ぎない。

孤独死を防ぐには、孤立しないための予防が何よりも肝心になる。では、孤立化しないためには、どんなことを心がければ良いのか。

結婚では孤独死リスクを回避できない

各世代において、単身者の社会的孤立レベルが高いのはある意味当然といった感じがするが、結婚していることは孤立のリスクを低めてくれるのだろうか。

前田研究員らによると、必ずしもそうではないという。

この調査では、家族形成に関する価値観と「孤立リスク」の関係についても調べている。

これは、結婚や家事、育児に関する22の考え方を5段階で尋ね、先ほどの「孤立リスク」との相関関係を見たというものだ。

分析の中で、家族形成に関する価値観には7つの志向が存在することが明らかになった。

①夫婦の同意があれば世間体は気にしない「夫婦の意思重視志向」
②家族はなるべく一緒に住む、夫婦は子供第一、介護は家族でという「家族重視志向」
③家庭生活でも男女の役割は平等であるべきという「男女平等志向」
④結婚後もプライバシーを尊重し自分の人生に目標を持つ「個人重視志向」
⑤夫は外で働き、妻は育児の「旧来の性的役割分担志向」

⑥結婚前でも性交渉は構わないといった「愛情重視志向」

⑦子孫を残すことに意味があるという「子孫継承志向」

それぞれの志向と「孤立リスク」との関係を見てみると、「孤立リスク」が低い人ほど「家族重視」「男女平等」「子孫継承」「個人重視」志向を強く持っていることがわかった。

一方で、「夫婦の意思重視志向」は、「孤立リスク」が高い人ほど強いことが判明した。たとえ結婚したとしても、夫婦2人だけの人間関係の中に没頭するのは危険だということだ。その場合、どちらかが亡くなったときに、一気に孤立することが考えられるからだ。

「この研究結果からわかるのは、特に男性は配偶者との離別や死別に孤立を高めるリスクがあるということです。支え合いという意味では、結婚はしたほうがいいんです。ただ、夫婦が2人で仲良くするだけでなく、その他の友人知人とのコミュニケーションを大切にすることが孤立の予防になるのです。夫婦の関係をより重視するという人、要するに〝奥さんだけ〟〝旦那さんだけ〟という閉じ方をしている人ほど、どちらかが亡くなった場合に、一気に孤立してしまうからです。一概に結婚したほうが孤立のリスクが低くなるとは言えないですね」

前田研究員はさらに、「単身者＝孤立している人」という世間一般の思い込みは、実態と合っていないことを強調した。たとえ同居する家族があったとしても、家庭内で孤立するほうが、はるかに本人にとってＱＯＬ（生活の質）が悪い場合もあるのだという。

続いて、人付き合いに関する価値観と「孤立リスク」の関係性を見てみたい。人付き合いに関する22の考え方を同じく5段階で尋ねたところ、人付き合いに関する価値観には6つの志向があることがわかった。
①ネット上の付き合いに価値を置く「非対面（ネット）志向」
②ときにはネットにつながらない環境にいたいという「ネット回避志向」
③価値観やセンスが同じなら年齢や性別は関係なく付き合えるという「共通の価値観志向」
④自分が良いと思ったものは否定されたくないという「自己肯定志向」
⑤他人にはなるべく干渉されたくないという「干渉回避志向」
⑥自分の気持ちを積極的に表す「自己表現積極志向」
こちらは興味深いデータが出ている。

ゆとり世代ではネットを介したコミュニケーションが一般的で、必ずしも「非対面（ネット）志向」が「孤立リスク」とは比例しない。つまり、ゆとり世代にとって、ネットが孤立を招くわけではないという結果が出た。コミュニケーションツールとして、物心が付いたときからインターネットが当たり前に普及していた世代にとって、ネット空間に入り浸る＝孤立に直結するわけではないというのは、ある意味納得だ。逆に、LINEやFacebookなどのSNSは、彼らにとって現実のコミュニケーションの延長線上にあると言って良いだろう。スマホばかりやっているからといって、必ずしも孤立につながるとは言えないのである。

しかしここで気を付けたいのが団塊ジュニア世代である。団塊ジュニア世代はゆとり世代と違って、逆にネットを志向することによって孤立を招く傾向が強いという結果になっている。この世代はネットへの過度な依存によって、現実の人間関係が失われがちになるというのだ。

そのため前田研究員は、団塊ジュニア世代は意識的にリアルな付き合いに顔を出すなどの工夫をすると効果的だという。ネットばかりに没頭せず、現実の人間関係を意識的に作っておきましょうということだ。私自身、この団塊ジュニア世代に当てはまるのでギクリとさせられる部分である。

また、団塊ジュニア世代は、「干渉回避志向」が強いそうだ。

「干渉回避志向とは、隣近所や、自分のことを深く知らない人には干渉されないほうがいいということですね。あまり関わりたくないと。まあ、多かれ少なかれそういう部分は誰にでもあると思うので、理解できますよね」と前田研究員は説明した。

しかし、孤立を予防する上では、この干渉回避志向が強い世代は、多少面倒だと思っても、近隣の人と挨拶をするなどして、交流することを意識的に心がけることが重要になってくるという。

さらに団塊世代以上の高齢層は、「共通の価値観志向」が著しく低いということがわかった。つまり相手の属性に囚われず、輪を広げることが苦手だということ。それがこの世代の孤立を招いている一因と言える。

仕事で疲れ切ったのにいまさら地域に入っていきたくない男たち

働き方と「孤立リスク」の関係もこの調査では調べている。働き方に関する価値観には6つの志向が存在する。

①働くうえで人間関係を大事にする「職場の人間関係重視志向」
②社会的地位の向上にまい進する「キャリア志向」
③仕事はお金を稼ぐための手段といった「割り切り志向」
④個性や特技を仕事に活かそうとする「やりがい志向」
⑤起業や転職を目指すなど、自分の能力を活かそうとする「自己能力重視志向」
⑥仕事で家庭が犠牲になってもやむをえないという「仕事優先志向」

この中では、「割り切り志向」が強い人ほど、「孤立リスク」が高いということがわかっている。働くためにその時間だけ職場にいるといった、職場との割り切った付き合いや働き方は、周囲とのコミュニケーションを妨げる要因になり、「孤立リスク」を高める可能性がある。この「割り切り志向」は、ゆとり世代や団塊ジュニア世代など、若年層ほど強い。逆に「職場の人間関係重視志向」や「キャリア志向」は「孤立リスク」を低減するのだが、これが若年層では弱いという結果になった。

職場の人間関係を大事にすることが「孤立リスク」を低くするということはわかるが、非正規など働き方によっては職場で人間関係を作りたくても作れないということもあるのが、現実問題としては歯がゆいところだ。

団塊世代以上は「仕事優先志向」が強く、「孤立リスク」を高める可能性がある。この世代の男性に顕著なのは、会社組織の中では仕事という共通項があるため人間関係を容易に築くことができたが、地域との関わりでは以前の地位や役職がなんの意味も持たないので、うまく地域デビューができないこと。そこを意識的に変えていければ、リタイアした団塊世代以上の男性の孤立化は防げるのだが、現実は難しいだろうと前田研究員は指摘する。

「男性はもともと地域社会とは関係が少ないし、かつプライドも高いので地域活動なんてやってられるか、と思う方が多いんですね。プライドが邪魔するのと、あと単純に煩わしいんですよ。30年40年働いて、とりわけ中間管理職のような人は日々人間関係に悩まされて、ようやくリタイアによって人間関係のしがらみから解かれる。それなのに地域でまた知らない人といきなり会ってしゃべれと言われても、まあ『メンドクサイ』と。それが本音なんですよ。人間関係に疲れてしまっている人が、改めて他人と人間関係を築き直すことは大変なんです」

前田研究員は、それまで全く畑が違う人たちが一緒になって町内会や地域レベルでマインドリセット（考え方の基本的な枠組みをリセットすること）しなさいという社会は、そもそも無理があると指摘する。それは地域に住む人々ではなく、行政など運営側の都合であるからだ。そこに入っていけない人は取り残されることになってしまう。

前田研究員は、歳を重ねていくこと、つまりエイジングについても研究しているが、老いの形は主に3つに分けられるという。

1つ目の「離脱理論」は、歳をとったら仕事を離れたり、田舎でリタイア後の人生を送ったりするのが幸せという考え方、2つ目の「活動理論」は、死ぬまでバリバリ働くという考え方、3番目の「継続理論」は、そのどちらでもなく、40歳くらいまでに形成された自分らしさをずっと継続して老いていくという考え方だ。

「僕はこの継続理論の考え方が望ましいと考えています。リタイア後も、それまで生きてきたように、その人らしく過ごしてもらいたい。いきなり生き方を変えろと言われても無理です。そこを理解したうえでグループの組み方を工夫するとか、『運営側』の配慮が大事なんじゃないのかなと思うんです。外に出てこない、気難しいという男性を、コミュニティにどのように巻き込んでいくか。そこではいかにその人の内面を理解してあげるかということが必要になってくるんです」

歳をとると自分らしさが先鋭化してきて、人とのコミュニケーションの量は自然と狭まってくる。若いころは飲み会など色々なところに顔を出していたが、必要な人としか会いたくなくなり、親友のような人だけが残っていく。前田研究員に言わせると、これはいわば自然な老いのあり方なのだそうだ。

私は前田研究員の話を聞いて、少しだけほっとした。誰もがアクティブに人とコミュニケーションできるわけではない。孤独死を防止するために、ストレスフルな人間関係に身を投じるのは、本末転倒だし不自然だ。

「孤立の問題では、必ず人とのつながりが大事という結論になります。でも僕は、はっきり言って相手は一人でいいと思うんです。最後まで一人でいいから親友のような人を持ち続ける。知り合いというレベルではなく、悩みをなんでも話せる、そういう相手を持つこと。そうすれば孤立しないし、孤独死も起こらないはずなんです。でも、その一人を作れないというのが、現状ではあるんですよね」

そう、その一人を作るのが難しい——。前田研究員が書いた別のレポートでは、高齢者の4人に一人が、友人が一人もいないというデータを示している。では、その一人を作るにはどうすればいいのだろうか。

　前田研究員は、リタイア後の生涯学習を義務化して「セカンド小学校」のようなものを作ることが効果的だと提案する。そこに来れば地域の商品券が交付されたり、逆に極端なことを言えば、来ないと年金減額などの、アメとムチを使うのもありだという。このセカンド小学校という発想は、孤立の予防や出会いの場として抜群の効果を発揮すると期待している。

「仕事をリタイアしてまだ元気なうちにセカンド小学校に入っておくことで、体が悪くなったりして地域の支えが必要になったとき、セカンド小学校で育んだネットワークや地域との関わりが生きてくる。セカンド小学校のときはいやいや参加はしたけれども、巡り巡って本人のためになるという考えです。こういったアイディアも、孤立の予防には必要だと思うんです」

　しかし、そう話した後「現実的にそういったシステムを作るのは難しいと思うんですけどね」と付け加えた。

　セカンド小学校という発想は、一種の強制力を持たせる面があるのでドキリとするが、斬新だと思う。仕事をリタイアしてからも毎日通う集いの場があって、そこには仲間たちもいる。

　千葉の男性がセカンド小学校のようなものに通っていたら、死後半年発見されなかったということはまず考えられないだろう。

孤立予防の一番の解決策は生涯現役でいること

前田研究員は孤独死の研究に取り組む前に、千葉県柏市で高齢者の生きがい就労というモデル事業を行っていた。そこで見えてきたのは「リタイア後のシニア」の閉じこもりがあまりに深刻化している事実だった。

「それは高齢者の就労支援につなげていくという事業だったんですが、就労どころか地域に誰も知り合いもいなくて、家に閉じこもりがちな生活を送るシニアの人がたくさんいらっしゃるということがわかってきたんです。それをどうにかできないか、孤立を予防するためにはどうすればいいのか、もっと深く調べる必要があると感じたんです。孤独死の問題もあったけれども、住民同士のつながりをいかに築いていくか、どのようにすれば自然な形で外に出てもらうことができるのか。そこがこの研究の出発点だったんです」

前田研究員は民生委員と一緒に、一軒一軒リタイアしたシニア層を訪ねた。そこで知ったのは、一度閉じこもってしまった人を外に出すのは容易なことではないという厳しい現実だった。当初は喫茶店や図書館、サロンなどを増やすといったアイディアを持っていたが、そこには来たい人しか来ない。閉じこもっている人には、いくら場所を作っても意味がないと感じたという。

では、閉じこもり生活が長く続くと何が問題なのだろうか。

閉じこもり生活が続くと、「生活不活発病（廃用症候群）」という疾病を発病することがある。生活不活発病とは、体を動かさなくなることで起こる病気のことだ。心肺機能をはじめとした運動機能の低下、うつ状態へ陥るなど、心身のありとあらゆる機能が低下するとされている。２００４年の新潟県中越地震で初めて認識された病気だ。社会的な孤立によって心身ともに蝕まれるため、相当に深刻な問題と言える。

つまり、社会的に孤立した人が多いと想定される未来は、単に孤独死が増えるだけではない。様々な病気による医療・介護のコストが増加することで、結果的に国の財政を圧迫することにもなるのだ。

私は実際、神奈川県横須賀市で長年新聞配達を行っていた男性から、「閉じこもり」高齢者の多さを聞かされていた。この男性はこれまで15件近くの孤独死に遭遇したという。

「ポストに新聞が溜まっていて、あれっ、おかしいなと思って見つけちゃうパターンが多いです。すごかったのは、死後半年ぐらい経った女性。一戸建ての玄関で倒れていたんですが、体液も完全に抜けきって、ミイラみたいになっていました。すぐに警察に通報したんですが、あと2歩、3歩出ていれば外に助けを求められたのに……」

続けて男性は、家に閉じこもって外に出られなくなっている人は決して珍しい存在ではないと証言する。

「新聞配達しても、家に閉じこもってこたつから全く動かない生活をしている人も多くいるんです。そういう人の場合は、驚くでしょうけど、集金も部屋に勝手に入っていって、その人のサイフを開けて集金するというのが現実です」

前田研究員の話を裏付けるかのような、生活不活発病を思わせるケースではないだろうか。

「どうすれば孤立を予防できるか。結論なんですが、高齢期までにできるだけ幅広い人間関係を持つということに尽きますね。そのためには個々人が日ごろから家族や人付き合いなどについて、ことあるごとに見直していくことが大切なんです。先ほど挙げたそれぞれの世代の孤立の特性を踏まえて、自らの意識と行動を根気強く改善していくということ。ある意味当たり前の結論になってしまうんですけどね」

やはり、孤立を予防するためには、人間関係に尽きる。

さらに、高齢期の人生設計を日ごろから考えておくことも効果的だ。自分はどんな高齢期を過ごしたいのか、そのためにはどうすればいいのかを考えることは、自分の生活の今後の準備をすることにもつながり、それによって社会との接点も必然的にできていく。

そして、孤立の予防で一番大切なのは、「生涯現役であること」。つまり社会と関わりを持ち、「活躍し続けること」である。それには、働くというのがもっとも手っ取り早い。仕事は、何より生活の支えになる。それも現役のときと同じように働くのではなく、その人（高齢者）の希望にあった働き方（活躍の仕方）をリタイア後もできることが理想である。そこでの人間関係が社会との接点となるため、これから高齢期を迎える世代にとっても一番の孤立予防の処方箋になるのだという。

「生涯現役ということが大事だと思いますね。これは孤立の予防という観点だけではないんです。団塊世代より上の世代は、リタイアしたら余生というのが一般的な価値観だと思うんですけど、私たち以降の世代は全然当てはまらなくなってくる。年金だけで暮らしていくのは難しいでしょう。年金プラスなんらかの就労。これがこれからの高齢期の標準的なライフスタイルになってくる。でも現実には、高齢者には掃除とかマンションの管理人とか、植木の剪定などの仕事しかないわけです。そこを変えて、高齢者でもリタイアした後にこういう仕事や暮らし方ができるんだな、と描けるような社会にしなければいけないと思うんです」

歳をとってからも多様な働き方の選択肢を描けるような社会を作らないと、生涯現役は現実にはならない。そして、結果的に孤独死も減らない。それに向けた取組みが何よりも急務である。それが前田研究員の導いた結論だ。答えは見えている。しかし、現実は全く追い付いていない。

「そう。変わるべきは、社会のほうですね」

と、前田研究員は歯痒そうに語った。

孤独死した男性の姿は未来のあなたかもしれない

冒頭に取り上げた千葉の男性は経済的には恵まれていて、何不自由ない生活を送っていたと書いた。けれども、人間関係はあまりに希薄で、周囲の住人はおろか、親族ともつながっていなかった。さらに仕事をしていなかったので、何かあったとしても不審に思う「職場の人間関係」というものもなかった。そのため半年も経ってから発見されたのである。前田研究員の言う、血縁、社縁、地縁、選択縁といったすべての縁が寸断され、誰ともつながっていない状態であった。

この高級マンションでの孤独死は、起こるべくして起こったと言える。

立体駐車場には購入したばかりの真新しいＢＭＷが、バッテリーが上がったままの状態で置き去りになっていた。親の遺産が豊富にあったことから、男性はこの新築のマンションをキャッシュで購入した。さらに、高級車を買う余裕もあったのだ。

管理人は、生前、男性が犬を連れだって散歩していた様子を覚えていた。

「朝、昼、夜と、1日3回も毎日男性が犬と連れて散歩してたのは知ってました」

管理人に聞くと、「マンションの規約で飼えるのは、犬猫2匹までなんだけどね」とそっと教えてくれた。男性が規約を超える数のペットを飼っているのに気付いてはいたが、何も言わないで黙っていたと言う。

白石さんが物件を購入したときには、ドアノブのシリンダーが壊されていた。おそらく近隣住民から臭いの通報があり、警察か管理会社が壊したのだろう。

ペットの末路について少しだけ触れたが、このペットをめぐる話には続きがある。

白石さんによると、犬たちはゲージに入った状態のまま死んだ可能性が高いという。遺体は処理したが、そこには取り切れなかった残骸があった。部屋のフローリングの、ゲージが置かれていた場所に白と灰色の毛のようなものが付着して、毛にまみれた褐色した塊のようなものが何か所にも残っていた。それは、同じように犬と猫を飼っている私にはなんともショックな光景であった。

一方、猫たちはこの部屋を最後まで自由に歩き回りながら尽きてしまったのだろう。ダイニングの壁の角に寄り添うようにして、小さな毛の塊が付着していた。自由に動き回れたはずの猫たちも、犬たちがゲージに入れられていたダイニングという同じ場所で亡くなっていた。ゲージに入れられて身動きが取れない犬と互いに寄り添うように、猫たちもまたここで果てたのだ。水もなく、食べ物もなく、苦しみと空腹と、もしかしたら暑さもあったかもしれない……。

そんなペットたちの苦しみを思うと、心が引き裂かれそうになる。

きっと、自分が愛したペットたちのそんな姿は、男性自身も望んだものではなかったはずだ。

取材を終え、写真などを整理するうちに、私は「ひょっとすると彼はアニマルホーダーだったのではないだろうか」とふと思った。それは次第に確信に変わっていった。

ペットの過剰な多頭飼いは「アニマルホーダー」と呼ばれており、アメリカでは社会問題となっている。ホーダーとは、ゴミやモノを捨てられずに集める収集癖を持つ人のことを指す。世間ではゴミ屋敷などが注目されているが、世話ができないほどの多くの動物を飼育してしまう、アニマルホーダーの存在も深刻な社会問題となっている。実際に特殊清掃の現場で大量のペットの死骸が見つかることは多い。不衛生な環境での過剰な数のペットの飼育は、孤独死の80％を占めると言われるセルフ・ネグレクト（第三章を参照）の一種とも言える。そして、後ほど詳しく述べるが、当然ながらそこには孤立の問題が根深く潜んでいる。

この男性の死は、孤独死大国ニッポンのある意味、ごくありふれた典型例である。そして、私たちの国では、1000万人がこの男性のような孤独死の予備軍であるという現実がある。

男性の姿は、未来の私かもしれないし、あなたかもしれない。

男性の部屋を去る直前、主のいなくなったベランダから眺めた夕日を今でも鮮明に覚えている。

ダイニングスペースの窓を開けると、そこには町の様子が一望できる開放的な空間が広がっていた。

9階という高さもあって、どこまでも突き抜けるような空を、迫りくる闇が徐々に覆い隠そうとしている。恐ろしく美しいダークブルーだった。

こんな眺めの良い部屋で何不自由ない生活をしていた男性は、ペットたちと一体どんな日々を過ごしていたのだろうか。

「このベランダからすごく見晴らしがいい空を見ていると、彼は孤独だったんじゃないかなと思うの」

私たちは、地平線に沈んだ夕日が山の向こうから照らし出す後光を眺めながら、まるで男性の知り合いであったかのような切ない気持ちになった。

「他人に関心を持っちゃいけないという風潮が、この世の中にはすごくあるんだと思う。

でも、それはどうにかしていかなきゃいけないよね。これからの世代が、未来に希望が持てないもの」

白石さんがやり切れなさそうな顔で言ったことが、前田研究員の言葉と不思議なほど重なる。孤独死は、この社会を生きる人の、他人への無関心ぶりが生んだのかもしれない。いや、無関心というよりも、視界に入ってはいるが、面倒くさいので関わりたくないと見て見ぬふりをしているというほうが正しいだろう。

私たちにできることは、こうした「縁」からはじき出された人に関心を持ち、少しずつでもいいから接触したり気にかけ、そうした人たちを社会の片隅に置き去りにしないということだ。

それと同時に、こういった縁や様々な人とのつながりから取り残されないように、自らが意識してなんらかの行動をする必要もあるのだと感じる。

孤独と孤立とは全く別のもので、孤独は本人がそう感じるという、あくまでも主観的な状態のことを指す。それに対して孤立は家族や友人、近隣住民などと接触がないことが外部からわかる、客観的な状況のことを表している。

亡くなった男性が孤独だったかどうか、それはきっと本人にしかわからない。しかし、男性がすべての縁から取り残され、社会的孤立の状態に陥っていたことは明らかだ。

そして、1000万人という孤独死予備軍がいるのだとしたら、この孤独死の光景が当たり前となる日は、刻一刻と近づいている。

孤独死について考えるうえで間違ってはいけないのだが、「住み慣れた我が家で、一人で亡くなること」がいけないわけではない。生前その人が社会から孤立してしまった結果として、何日も、あるいは何か月も遺体が発見されずに、痛ましい状態で放置されることが問題なのだ。

「色々な仕事の選択肢もあるし、決して多くはなくても友人もいる。自分も歳をとったらこんな老後を送りたいという未来が、具体的に描けるような社会にしないといけないと思うんです」

前田研究員は真剣な表情でそう訴えた。

そう、もたもたしている時間はない。これからの社会をどんなものにしたいのか、未来は私たち一人ひとりの手に委ねられている。そのことを突きつけられた気がした。

第二章　遺された家族の苦悩

戻ってきたお中元

家族に孤独死が起こってしまったら、遺族にはどのような現実が待ち受けているのだろうか。

「母は、四つん這いのような状態で、テーブルの上に倒れこんでいたんです。体に蛆も湧いていたから、見つかるまできっと痒かったでしょうね。ずっと独りぼっちで放置されていたかと思うと、やり切れません。警察によると、死後1か月が経っていたとのことでした。他の人には、こんな思いをしてほしくないと思っています」

孤独死で母を亡くした戸田和彦さん（仮名）は、当時の様子をこのように振り返った。

和彦さんは、都内のゲームアプリ制作会社に勤務する42歳の会社員。職業はプログラマーで、妻と3歳の息子とともに都内のマンションで生活している。穏やかな雰囲気が印象的な男性だ。

普段はあまり連絡のない叔父から、和彦さんの携帯に電話があったのは、夏も真っ只中の8月2日の夕方のことだった。

「妹に送ったお中元が返ってきてるので心配だから見に行ってほしい」

叔父は電話口で慌てたようにそうまくし立てた。

なんか、変だな。

和彦さんの母・京子さん（仮名）は一人暮らし。和彦さんは、最後に実家に帰ったときのことを思い出したという。ちょうど約1か月前。そういえば、その後、母に一度メールしたが、返信がなかったんだっけ。

すぐに自宅から電車を乗り継いで実家である千葉県にある団地に向かうことにした。

「ピンポーン」

いつもならチャイムを鳴らすとすぐに出てくる母だったが、その日に限ってなんの返答もない。おかしいな。和彦さんは何度かチャイムを鳴らしたりドアをノックしたりしたが、ドアの向こうは無言だった。ドアにはU字ロックが掛かっているようで、びくともしない。

ただ、一つだけ気になることがあった。

生ゴミを何日も放置したような生臭い臭いが、ドアの辺りにプーンと漂っていたのである。

「それでもそのとき、もしかしたら母が中で死んでいるかもなんて、思いもしませんでした。頭の片隅で一瞬でも、母の死について考えることもなかったです。ゴミ収集前日とかにドアの近くに生ゴミを置いたりすると、臭いがするじゃないですか。それかなぁとか。旅行に行く前にゴミを捨てるの忘れたのかなぁとか、呑気に思ってました」

開かない実家のドアに、どうしたものかと困り果てた和彦さんは、最寄りの交番に相談に行くことにした。交番の若い警察官は休憩中らしく、牛丼を食べていた。しかし、和彦さんから事情を聴くと、急に慌てた様子を見せた。

「そういうことなら、今すぐ見に行ったほうがいいです。何か事件に巻き込まれているかもしれないですから」

警察官のただならぬ雰囲気に、和彦さんは大げさだなと思った。

「このときも、母は部屋の中にいて『勝手に早合点して警察なんか呼んで、もう和彦ったらっ』なんて、小言でももらうんだろうと思っていたんです」

和彦さんは、警察官の協力を得て部屋に入ることができた。

部屋の中は夜中にもかかわらず電気は点いておらず、真っ暗だった。やけに静まり返っている。おかしいなと思い電気を点けると、食事用のミニテーブルに頭を突っ伏した状態で、倒れている人影が見えた。

それは、あまりに変わり果てた母の姿だった。食べかけのお皿やコップがそのままになっていることから、食事の真っ最中に突発的な異変でテーブルに倒れ、そのまま亡くなってしまったのは明らかだった。

「とにかくびっくりしました。蝿がブンブンと飛び回っているのが見えたんです。そして、居間の真ん中のテーブルに、母がうつ伏せで倒れていました。手をくの字に折り曲げて、丸くなった背中があった。まるでひざまずいているような恰好で崩れ落ちていました」

和彦さんは思わず駆け寄って、京子さんに声をかけた。でも、なんと声をかけたのかは今でも思い出せない。部屋に入った瞬間の記憶がすっぽりと抜け落ちてしまっているのだ。

「あのとき、母になんて声をかけたのかなぁー。すごく怒ったような気もするし、ありがとうって言ったかもしれないし、ごめんって言ったかもしれない。あまりの衝撃で、時間の感覚も全くなくなっているんです。不思議ですよね。部屋に入ったときからどのくらい時間が経ったか、自分が母に何を言ったのかもよく覚えていないんですよ」

もともとふくよかな人ではあったが、いつもの母とは違って、その体格がいくぶんか膨らみを増しているような気がしたという。もちろん体は硬直して冷え切っていた。

我に返ったのは、一緒に同行していた警察官が無線で応援を呼ぶ声がしたからだった。

動転していた和彦さんに、警察官は「事件性があるかもしれないから、どこにも触らないで！」と叫んだ。

目の前にいるのは、和彦さんにとって自分を生み育ててくれた実の母である。和彦さんは、どうしても母に触れたいと思った。人生の最期を一人で迎えた母の背中を、せめてさすってあげたい。

警察官が目を離した隙に、和彦さんは冷たくなった母の背中にそっと手を伸ばした。そして、パジャマのような部屋着に包まれた背中を優しくさすってあげた。

「母の姿を見たのは、それが最後でした。本当に、それっきり。でも、一瞬でも最後にさすってあげられて良かったなぁと思っています。最後は息子に触れてもらって、少しは良かったと思ってもらえたらいいなと思うんです」

今でもそのときのことを思い出すとこみ上げるものがあるのか、和彦さんは目を伏せた。

しばらくすると、応援で駆け付けた警察官が10人ほど部屋にドカドカと入ってきて、現場検証が行われた。規制テープこそなかったが、それはまるでいつか見た刑事ドラマの犯罪現場さながらだと、和彦さんは動転する頭の片隅でぼんやりと感じた。自分が生まれ育った実家に大量の警察官がいて、写真を撮ったり現場検証をしている――。なんだかちくはぐで、異様な光景だった。

警察の応援部隊が到着すると、「ちょっとこっちへ」と、警察のワゴン車の中に呼ばれた。

母の死を悲しむ時間もないまま、すぐに警察官の事情聴取が始まったのだ。疑いの目はまず、息子である和彦さんに向けられた。和彦さんが第一発見者だったからだ。

「僕が一番怪しいということなんでしょうね。普段の家族関係から、最後に会った日のことなど、警察には色々と聞かれました。ただ、団地の孤独死自体は珍しいことではないらしく、警察のほうでは早い段階で事件性はないと判断したみたいです」

あまりに時間が経ちすぎているため、京子さんの死亡時期や死因は、検死を行っても不明のままだった。そのため、命日さえも確定することができなかった。ただ、遺体の状態から死後約1か月は経過していたということがわかった。

和彦さんが一番辛かったのは、母の遺体の写真を確認させられたことだ。和彦さんはまだ耐えられたが、気の弱い弟があまりにも変貌した母の姿に精神的なショックを受け、何日も寝込んでしまったのである。

「警察署で写真を見せられて、本人に間違いないか確認してくれと言われました。見せられたのは、どこか体の一部の写真でした。服が剝がされていて、体のほくろの位置で確認してくれと言われたんですよ。でも、正直、母の体のほくろの位置なんかわからないですよね……。最終的には、着ていた服や眼鏡で確認したんです。血と体液にまみれていて、洋服も本当にひどい状態でした。あんな写真を家族が見せられたら、絶対にショックを受けると思いますよ」

検死が終わるとようやく葬儀社に遺体が引き渡された。せめて最後に、お母さんに死に化粧をして、綺麗な姿で見送ってあげたい——。そう考えていた和彦さんだったが、葬儀の担当者に相談すると、とてもではないが顔にお化粧ができるような状態ではないと告げられた。京子さんの顔は、もはや原形をとどめていなかったのだ。

通常の葬儀をすることすらできない状態なのか——。そんな事実に、和彦さんは驚きを隠せなかった。

「遺体の損傷が激しいので、一目見ることすらやめたほうがいいですと葬儀社さんに止められたんです。棺全体から臭いが出ていたら、最悪の場合近付くことすらできないかもしれませんって。私が最後に見たのは母の後ろ姿だけだったので、そんなに母の遺体の状態が酷かったんだって、愕然としました」

棺の縁は、臭いが漏れないように厳重にビニールテープでぐるぐる巻きにされた。消臭剤やドライアイスを大量に入れることで、危惧した臭いはなんとか抑えられ、親族が葬儀に立ち会うことができたのが、せめてもの救いだった。

「僕は最後にかろうじて母に触れられたけど、父親や姉や弟は母の顔も見れなかった。彼らは一生悔やむと思うんです。死んだときにせめて手を握れるような状態であってほしかったです」

和彦さんには、3歳になったばかりの息子がいる。息子さんの話を聞くと、「ようやく最近、言葉をしゃべり始めたんです」とホッとしたように笑みがこぼれる。母の孤独死を経験した和彦さんは、最愛の息子には自分が体験したような思いは絶対にしてほしくないと考えている。それは、遺された家族にとってあまりに辛すぎる体験であったからだ。

和彦さんをときたま襲うのは、どうしようもない後悔の念である。

「あのとき母にこうしていれば……という後悔が、今考えると山ほどあるんです。母ともっとコミュニケーションを取っておけば良かった。それが一番の後悔です」

和彦さんは、京子さんの死についてずっと自分を責め続けていた。その苦しみや痛みがこれでもかと伝わってきて、話を聞きながら心臓の辺りがキュッと締め付けられる思いがした。

飛び回る蝿。ドカドカと家に入ってくる警察官。そして、息つく暇もなく行われる警察の事情聴取。遺体の本人確認。そして、ビニールテープでぐるぐる巻きにされ、二度と開けることのできない棺。何よりも苦しいのは、あのときああしていれば……という、悔やんでも悔やみきれない自責の感情だ。これが、孤独死のあった家族を待ち受ける紛れもない現実なのである。

人は死ぬとどろどろに溶ける

ここで和彦さんを取材することになった経緯と、孤独死における特殊清掃の実態について少し話しておきたい。

特殊清掃とは、事件事故などによって汚れたり傷んだりした場所の原状回復をはかる仕事だ。孤独死や自殺などが発生しそのまま放置された場合、腐敗の進行に伴って部屋などが体液や悪臭で汚染され、家主や近隣住民に多大な迷惑をかけることがある。そんな部屋の消毒・除菌、清掃・処分、遺品整理などを、遺族や不動産管理会社・家主から請け負っているのである。細菌・ウイルス対応の化学防護服に身を包み、防毒マスク、医療ゴーグルなどを装備して、民家やアパートの中を片付けている姿を、テレビや雑誌で目にした方も多いだろう。

特殊清掃の依頼で、孤独死のケースは年々増えているという。

私は本書を執筆するに当たって、特殊清掃や遺品整理などを行う業者に協力を求め、いくつかの孤独死の現場に入る機会を得た。

そこでわかったことは、遺族の多くが家族に孤独死が起こったこと自体に驚き、汚染された物件を前にして途方に暮れている事実である。多くは一人暮らしの高齢または中年男性で、出不精のために部屋はゴミで散乱し、床か布団にどす黒い体液の塊があり、そしてその周辺に大量の蛆の蛹が集まっている。ある特殊清掃業者はそれを評して「人って死ぬとどろどろに溶けるんですよね。どんどん液状になるんです」と言った……。

このような惨状を目撃するか、もしくは伝えられると、遺族の精神的なダメージと混乱が大きいことから、特殊清掃業者のフォローが非常に重要になる。特殊清掃の現場に行くたびに、遺族から「とにかく臭いを消してほしい」「部屋に入れる状態にしてほしい」など切羽詰まった電話が担当業者にかかってくる。電話越しとはいえ、遺族の動揺に接すると、ショックの度合いがよくわかる。

和彦さんの体験は親族に孤独死が起こったときの典型的なケースと言えるが、家族や親族とのつながりが薄い場合だと、その後の状況はより悲惨なものとなりやすい。

例えば、千葉県のマンションで80代の男性が孤独死していた事例では、居住している部屋からの応答がなかったため、警察官がやむなく窓ガラスを割って突入した。周辺住民から悪臭がするとの通報があり、警察が緊急性が高いと判断して、家主の許可を得て部屋のベランダ側のガラス戸を叩き割ってロックを外したのだ。遺族が遺体の状況を知らされるのはこれらの騒動が終わった後であり、周辺住民からのクレームを含め、ストレスフルな状況での対応にさらされる。体液の浸透は男性が亡くなっていたベッドだけで済んでいたが、ガラス戸の一部が段ボールで塞がれている様子は、外から見ても異様であった。

神奈川県のマンションで50代の男性が孤独死していた事例では、マンション全体にまで腐敗臭が拡大しており、特殊清掃業者や遺族に対する風当たりは小さくなかった。男性は末期のがんで、業者が言うには、内臓疾患で死亡した場合、悪臭のレベルが通常よりきつくなるのだという。私も片手にあまるほどの現場にお邪魔したが、後にも先にもこれほどの悪臭がした現場はなかった。死亡した時期が夏場ということもあって、蝿やゴキブリの数は膨大で、当然だが見積もりもそれ相応の額が請求される……。

繰り返しになるが、このような現実に直面してまともでいられる遺族はいない。まず、遺族が現場に来ないことが多い。一連の処理をすべて特殊清掃業者などに丸投げし、通帳や証券、現金などがあれば受け取るというパターンだ。現場に来たとしても、凄惨な状況を目の当たりにして言葉を失い、依頼した業者に最低限の指示をして帰るか、もしくは労いの言葉をかけるのが精いっぱいだと思われる。

なんの縁もゆかりもない第三者からの取材など受ける心の余裕などあろうはずもない。私は取材を始めて間もないころから、孤独死が発生する背景について、遺族からの聞き取りが必要だと感じていた。しかし、孤独死をテーマにした多くのルポルタージュがそうであるように、遺族への立ち入った取材はなかなか難しい。遺体が放置された凄惨な現場というマイナスイメージもさることながら、故人と遺族を含む家族・親族が抱える問題にスポットを当てることになるからだ。普通、家族や親族の死などのプライベートな出来事に、赤の他人が首を突っ込んでくるなどとは誰も考えていない。残されたほうが被害者だと感じていることもある。家庭内暴力（DV）やアルコール依存症などが原因で離婚・別居したり、家族が疎遠になったケースであればなおさらだ。メディアに取り上げられること自体が、「非難」を含んでいるのではと勘繰られたり、「恥部」をさらされると認識することもあるだろう。

遺族への取材は、その触れられたくない、封印してしまいたい過去を無理やり引きずり出す暴力的な行為だ。私が特殊清掃の現場でお会いした遺族の方に取材をお願いしても、「取材どころではない」と断られるケースがほとんどだった。

それは当然の反応だと思う。

しかし、遺族の話を真摯に聞くところから始めないと、孤独死が発生する様々な要因について知ることなどはできない。

さて、どうしたものか……。正直、私は取材をスタートさせた段階で、大きな壁にぶち当たっていた。

遺族への取材の糸口を摑めないまま、毎週のように孤独死の現場を回っていたとき、終活関連のネットワークを通じて、笠原勝成さんという方と出会った。

笠原さんは千葉県を中心に遺品整理、特殊清掃を手掛けるリリーフ千葉ベイサイド店の共同代表である。

早速会社にお邪魔して話をすると、笠原さん自身が孤独死に対して人一倍強い使命感を持っていることがわかった。笠原さんは、年々増え続ける孤独死の特殊清掃の依頼について、それを商売にしている立場からだと変な話であるが、なんとかしたい（なくしたい）と真剣に考えていたのである。

「私がやっている仕事は、本来はなくなるのが社会にとっては望ましいはずなんです。孤独死に慣れてしまうような社会は、健全ではないと思うんです」

そのためには、孤独死の現状をできるだけ多くの人に知ってもらうことが必要だと考えていると述べ、取材にはぜひ協力したい、と申し出てくれた。

「なんとしても、遺族に話を聞きたいんです」

そんな私に、笠原さんは「断られるかもしれませんが、私もできるかぎり協力しますので、ご遺族に取材について直接話されてみてはいかがでしょうか」と言ってくれた。

知り合って間もなく、笠原さんから連絡が来た。

それが和彦さんのお母さんが亡くなられた物件だった。

きっと笠原さんの熱意が通じたのだと思う。私が取材意図を説明すると、和彦さんはお母さんが亡くなられたばかりの大変な時期にもかかわらず、取材に全面協力してくれることになった。

「あのとき母にもっとこうしていれば良かった、という後悔が、僕たち家族には山ほどあるんです。今は核家族化で母のような単身者も多いですし、今後母のような孤独死は増えていくんでしょうね。この体験を何か社会の役に立ててもらえるなら、母も喜ぶと思うんです」

和彦さんは、お母さんが亡くなった部屋の様子をすべて見せてくれた。そして、本来ならば触れてほしくないであろう家族関係の核心部分まで、包み隠さず話してくださった。私はそんな一家の全面協力もあって、和彦さんだけでなく、和彦さんの奥さんにも話を聞くことができた。和彦さんは、この章で紹介した2人の男性の孤独死のケースと異なり、母親と定期的に連絡を取っていたし、シーズンごとに家にも訪れていた。

なぜ、そんなごくごく普通の親子関係がありながら、孤独死が起こってしまったのか。そして、孤独死を目の当たりにした家族は何を思い、何を考えたのか――。以下にその詳細をできるだけ丁寧に記述していきたいと思う。一読していただければ、孤独死というものが誰にでも関係のある、誰もが逃れられない問題であることを痛感してもらえるだろう。

故人が愛した世界そのもの

京子さんの遺体発見から2週間後、和彦さんは実家である団地にアルバムなどの遺品を探しに来ていた。和彦さんが長年慣れ親しんだ実家に帰るのは、残念ながらこれが最後となる。

この団地はURの賃貸住宅ということもあり、遺品整理が終わった後は特殊清掃を入れて引き払ってしまうからだ。わずか数日後には、京子さんとその家族が生きた痕跡は、わずかな遺品を除いてすべて処分されて消え去ってしまう。

私はそうなる前に、京子さんが日ごろどんな生活を送っていたのか知りたかった。そして、京子さんが孤独死した現場をこの目で見ておきたいと思った。すでに笠原さんと和彦さんは特殊清掃費用の見積もりのため何度か現場に足を運んでいる。この2人とともに訪問するとはいえ、笠原さんから「まだ生々しい痕跡が残っている」と聞いていたため、少し緊張していた。

千葉市内の某駅から歩くこと20分ほどのところに、その団地は佇んでいた。4000戸以上を擁するマンモス団地は、東京湾の埋め立てによって作られた。団地の目の前には、つい最近廃校になった小学校の校舎がそのままの状態で残されていた。かつて活気のあったマンモス団地は息をひそめ、その役目を終えたかのように、微かな哀愁と寂しげな雰囲気を漂わせながら、まるで巨大な墓石の群れのように黙して佇んでいた。

笠原さんと一緒に目的の団地の前で足を止めると、そこにはオフらしく短パンにTシャツといういでたちの和彦さんが待っていてくれた。

「わざわざ来ていただいて、ありがとうございます。正直言うと、部屋の中は臭いですからね。マスクをしていただいて大丈夫ですよ」

孤独死があった部屋の臭いが強烈なのは、これまでの取材で十分に知っている。和彦さんの、他人である私への気遣いはとてもありがたかった。しかし和彦さんにとっては、小学校時代から大学まで生まれ育った実家なのだ。マスクを着けることは、まるでその実家が〝汚れている〟と言っていることになるような気がして、笠原さんに事前に渡され、手に持っていたマスクをポケットに押し込んだ。和彦さんはそんな私の様子を見ると、少しホッとしたような表情で語り始めた。

「私も久々に駅からここまで歩いてみたんですけど、駅からも遠いし、老いていく街というのをもろに感じましたね。ここで母が何十年も暮らしていたんだなぁと思うと、気が滅入りました。小さいころは3クラス、4クラスが普通で子供も多かったんですよ。でも、今日この付近を歩いてみると、高齢者しか見当たらなかったです」

京子さんが住んでいたのはこの団地の4階。エレベーターはないので、階段で上がるしかない。エレベーターのない4階まで階段で上がるのは、30代の私でもきつい。今のマンションに比べて明らかに傾斜の激しいコンクリートの階段を一段一段進んでいくと、自分でもハアハアと息が上がるのがわかる。これはしんどい。

60代の京子さんにとって、買い物などのときの階段の上り下りはさぞかし大変だっただろう、そう感じずにはいられなかった。

目的の4階に近づくなり、酸っぱいような、甘ったるいような独特の臭いが鼻をつくのがわかる。臭いがひと際強くなった階段の先にあるドアに、紫色の小さなカードのようなものが目に入った。

鼠色の鉄製の扉のドアノブと鍵穴の間に貼られた、「恵比寿大明神」と書かれた紫色のお守りだった。それは、この部屋で人が亡くなったということを確かに示していた。

笠原さんが鍵を取り出してドアを開けると、ギギィーと大きな音を立ててドアが開いた。

夏場に孤独死のあった物件は2〜3日で遺体が腐敗するため、臭いをカットする専用マスクを装着しなければそのまま入ることができないことも多い。笠原さんは遺族が遺品探しなどで中に入れる状態にするために、1週間前からオゾンの脱臭機をセットしていた。

それでも部屋に入ると、体にまとわりつくような臭いは強烈で、さらにヒヤッとするような冷気を肌に感じた。エアコンが付けっぱなしになっているのだ。笠原さんによると、これも部屋に染み付いた死臭を和らげるための手段とのことだ。

その玄関に、無数の蝿の死骸と、小豆をまき散らしたようなものが目に付き、思わずぎょっとさせられる。

動物の死体を放置すると腐敗・膨張するのと同様に、人も死後1時間足らずで体内の腸内細菌などが増殖し、腐敗ガスが発生し始める。そして、そのわずかな臭いを頼りにどこからともなく蝿が群がるのだ。密閉された室内でも、わずかな隙間や吸気口などから侵入してくるという。蝿は、まず鼻の穴や口腔などの粘膜部分に卵を産み付け、それはすぐ蛆虫になって蛹になる。そして、その蛹から蝿が生まれる……。そして、腐敗部位が拡大するにつれて、さらに産卵の範囲も拡大して、また蛹→蝿→蛆虫というループを繰り返す。これが何サイクル目かがわかれば、だいたいの死亡時期も割り出せるという。

蛹は、ピンク色を基調とした部屋中のいたるところにバラまかれ、これでもかと自らの異形ぶりをアピールしているかのようだった。清潔感のある部屋の内装とちぐはぐで、それがかえって孤独死の衝撃を際立たせていた。

「これが一番きれいなスリッパなので、良かったら使ってください」

私が玄関でモジモジしていると、和彦さんは私に新品のような茶色のスリッパを差し出してくれた。靴を脱いでそのスリッパに足を入れると、女性用らしく私の足にスッポリと収まった。

そうか。これは京子さんの足のサイズなのだ。

廊下にはハートに形取られたピンク色のクッションマットが敷いてあり、踏みしめるとキュッキュッと音を立てる。

一般的な団地の間取りの2LDK——。かつてはこの一室で母子4人家族が暮らしていたのだ。向かって右側の約6畳の部屋には、子供用の2段ベッドが置かれていた。和彦さんはその部屋の押し入れを開け、箱の中からアルバムを取り出していた。

キッチンには、薄ピンク色と白の水玉模様のタオルがぶら下がっている。

床にはふわふわとした黄色と水色とピンクのキノコ型のキッチンマットが敷かれていた。キッチンと隣接する居間には大きな長椅子が置かれており、ここが京子さんの生活の中心だったことを物語っていた。

その椅子の下に、私は小さなスリッパを見つけた。

ウサギのマークがついた黄色のスリッパは、なぜだか片足だけ椅子の下にポツンと投げ出されていた。あり得ない場所に荒っぽく投げ出されたスリッパは、京子さんの身に何か突発的な異変が起こったことを表していた。

きっと京子さんは、このスリッパを亡くなってからもずっと履いていたのだろう。そして、遺体が運び出されたときにストンと脱け落ちてしまったに違いない。そう確信したのは、スリッパの底の部分が体液で茶色く変色していたからだ。

もう片方のスリッパも探してはみたが、警察が持っていったのか、誰かが片付けたのか、どこにも見当たらなかった。

京子さんが亡くなった場所は一目でわかった。長椅子の先にある小さなミニテーブルが、ピンク色のバスマットや花柄のフロアマットで何かを隠すかのように不自然に覆われていたからだ。そこに近づくにつれて、臭いが一段ときつくなる。外の階段まで漂ってきた臭いは、どうやらそこから発生しているらしかった。

2枚のマットをそっと外すと、テーブルの上には飲みかけの水とスポーツ飲料の入った2リットルのペットボトル2本、ティッシュペーパーの箱が置いてあった。視線を下に向けていくと、花柄のマグカップと白いマグカップが無残になぎ倒されていて、それらが京子さんの体液なのか皮膚なのかもはや判別がつかなくなった、どす黒いタールのような液体の上に浮かんでいた。すぐにそれは液体というより、液体が干からびた粘着質っぽい塊であることがわかった。テーブルの手前には底の深いお皿があり、どす黒い液体で満たされていた。食べ物と腐敗液が混ざったのだろう。テーブル上の液体は、かなりの量が下に零れ落ちたようで、床に敷かれたイグサのマットにも50センチ四方にわたってしみ込んでいた。

食事中に京子さんの身に何かが起こったのは明らかだった。

京子さんはなんらかの突発的な病気が原因でそこに倒れ込み、机に突っ伏した状態で亡くなってしまったのだと思われた。

「遺体を焼いた棺の中からスプーンが出てきたらしいんです。どうやら母はスプーンを握ったまま亡くなったみたいですね。数年前に脳血栓で倒れたことがあったんです。死因は不明となっていますけど、食事中に同様の病気でいきなり倒れてしまって、そのまま亡くなったのかもしれないですね」

京子さんは30年間専業主婦だったが、モノを作るのが好きな女性だった。部屋の壁には、所々に自らが描いた版画や水彩画などの絵が額に入れて飾られている。そのどれもが、部屋の小物と同じく繊細でパステルカラーの幻想的な色合いを醸し出していた。まるでついさっきまでそこで作業していたかのように、ステッドラーの高級色鉛筆やハサミなどが作業机に置かれたままになっていた。その上の棚には、ピンク色の扇風機やCDプレイヤーがある。

京子さんが倒れていた居間で目に付いたのは、本棚に所狭しと並んだ漫画や小説の数々だった。手塚治虫の『ブッダ』や『アドルフに告ぐ』、『ザ・ビートルズ・アンソロジー』の5枚組DVDボックス、萩尾望都、くらもちふさこ、吉田秋生などの少女漫画、そして、野沢尚の文庫本などがぎっしり詰まっている。これはすべて京子さんのコレクションだ。

和彦さんによると、京子さんは昔から少女漫画や美術が大好きで、『王家の紋章』などの大作少女漫画をこの本棚に陳列していたこともあったという。少女漫画、美術、小説、そして、パステルカラーの絵——。

自らも詩や絵など、書いた作品を度々新聞に投稿していた京子さん。この部屋は京子さんが愛した表現の世界そのもので、それらがすべて一つの秩序を形作っていた。この空間自体が京子さんの一部であったのだ。

入り口近くにあった冷蔵庫の中を見せてもらった。まだ部屋には電気が通っていて、飲みかけの牛乳や未開封の野菜ジュース、マヨネーズやソースなどの調味料が整然と並べられている。確かに約1か月前まではここに人が住んでいたという息遣いが感じられた。ここで約1か月前まで、京子さんはいつも通りの生活をしていたはずだ。

明日も同じ毎日が来る、そう思いながら。

ある日、プツリと途切れた京子さんの日常。この部屋は、その輪郭だけがそのままの状態でとり残され、いまだに二度と帰ってこない主人を切なげに待ち続けているかのようでもあった。

和彦さんが一枚の新聞の切り抜きを見せてくれた。

そこには赤のボールペンで書き込みがされていて、四角に囲ってあった。

葬式なし 戒名不要 花、香典不要
記事の見出しには、「墓は生と死が一緒になる場所」とある。
冷蔵庫には、それと並ぶ位置に「遺言」と黒のマジックペンで書かれたA4の紙が貼ってあった。
○直葬 葬儀は無し ○誰にも知らせないで 本当の友達いないし
○臓器はすべて提供 ○灰は舞子の海（兵庫県）に捨ててください
2015.10.14（水）
戸田京子 確認
これは明らかに京子さんが家族に残したメッセージだろう。京子さんが死ぬ前に残した遺書だとすると、まず最初に自殺の可能性を疑いたくなるが、和彦さんによるとそうではないらしかった。この紙は約1年前から冷蔵庫にずっと貼ってあったという。
「1年前に実家に行ったときに、『またまたー、お母さん、こんな遺言なんて書いちゃって～』なんて茶化してたんです。印鑑がないとダメだから、印鑑も押したのよなんて言ってましたね。母もいつか死ぬだろうと思ってはいたんでしょうけど、まさか1年後に死ぬつもりで書いたわけではないはずです」
その遺言には、別のペンで書き加えられたり、消されたりした形跡があった。和彦さんも生前からその存在を把握していて、カスタマイズされていく冷蔵庫の遺書をネタに、ときたま冗談として京子さんをからかうこともあった。

世の中は終活ブーム真っ只中。京子さんが自らのエンディングについて考えて何かを残していたとしてもなんら不思議はない。葬式なし、戒名不要、花、香典不要、直葬、散骨……。京子さんはなんとストイックな女性なのだろう。昨今流行りの断捨離ではないが、その潔さに思わずクラクラとしてしまう。

それにしても、なぜ舞子の海なのだろうか。

和彦さんに尋ねると、すぐに答えが返ってきた。京子さんには大切な親友が2人いた。しかし、その2人は去年相次いで自殺していたのだ。そして、その2人が眠る場所が舞子の海なのだという。

京子さんは、新聞に掲載された投稿作品を自作のアルバムに貼ってファイリングしていた。

その親友について、新聞の短歌投稿欄でこう書いている。

【私達『新宿の女だね』　笑った三人　圭子逝っても　私　生きてる】

そして、その横には、昔、新宿のバイトで知り合った親友2人が、去年の5月と6月に自死とも――。

圭子とは、同時代の演歌歌手である藤圭子のことだろう。

そして、遺書にも登場した舞子の海。そこには京子さんが青春時代をともにした親友

2人が死後散骨されているという。だからこそ、そこに帰ることが何よりの京子さんの願いであった。

自分の遺骨を納める場所として、自分のご先祖のそばでもなく、夫や子供たちのそばでもなく、親友のそばを選ぶなんて、月並みな表現だけれども、なんだか永遠の友情を目の当たりにしているようだ。

私はこのエピソードを和彦さんに聞いて以来、京子さんとの距離が一気に縮まった気がした。それは親近感と言ってもいい。

しかし皮肉なことに、その舞子の海を巡っての激しい口論が、京子さんと和彦さんとの最後の別れとなってしまうのであった。

1か月前に激しい口論をしたのが最後だった。

和彦さんがこの団地に移り住んだのは、10歳の時。グラフィックデザイナーである父親の転勤がきっかけだった。和彦さんは3人姉弟。年子の姉と、10歳下の弟がいる。姉は10年前に家を出て沖縄に嫁いでいたが、東京でウェブ関係の仕事に就いている弟は、母親にときたま顔を見せに来ていたという。

和彦さんは、自分の家庭が普通とは違うと感じることがあった。それは他の家のように、父親が家にはいないということだ。

「父は別居していたんですが、離婚してるわけではないので、母に毎月ちゃんと仕送りはしていたみたいなんです。でも、物心ついたときには、一緒に住んではいなかったんですよ」

それでも父親にはいつでも会いたいときに会いに行けるし、生活に不自由した覚えもない。

そのうち和彦さんが大学を卒業し就職すると、独身のころは仕事に忙しく、頻繁に実家に帰ることはなくなった。

しかし、3年前に和彦さん夫婦に息子ができてからは、京子さんにとっては孫になる息子の顔を見せに、シーズンごとに実家に日帰りで訪れていた。

和彦さんが京子さんに最後に会ったのは、京子さんの遺体が見つかる約1か月前の7月2日だった。

「その日実家に行くと、明らかに母は体調が悪そうにしていました。なぜ体調が悪いのかと聞いたら、親友が眠る舞子まで行っていたんだと言うんです。『せっかく孫を連れて遊びに来てるのに、そんなに体調が悪くなるようなことをするなんて、何を考えてるんだ！』ってつい言っちゃったんです」

和彦さんからしたら、何よりも自分の体調を第一に考えてほしかった。

京子さんは30年くらい前からうつ病を患っていた。

心療内科の医師にも舞子行きを止められたが、最終的には行かないことへの負い目を感じるよりはいいと、許可をもらったと京子さんは反論した。

「それは許可じゃない、と言い合いになりました。この歳になると普通の親子関係では、怒ったり怒られたりすることなんてないじゃないですか。それが母の舞子行きを巡って久し振りに口論をしちゃったんです。母からすると、これだけ大事に考えていることを子供にさんざん言われて、とても怒っていたんだと思います。あのとき、舞子に行けて良かったねと一言優しい言葉をかけてあげれば良かった……」

それが京子さんの生前の最後の会話になるとは思いもしなかった。

「メールも電話もするな！」と怒り心頭に発した京子さんの剣幕を見て、しばらく冷却期間を置くことが必要だと考えた。そして、7月下旬に試しに息子の写真をメールに添付して送った。こんなに可愛い写真を送ったんだから機嫌を直してくれるだろう。そう思っていた。

しかし、なんの返事もない。まだ怒っているのかなぁと思いつつも、日々の仕事や家庭生活に忙殺され、それ以上深追いすることはなかった。

8月になり、突然京子さんの兄に当たる叔父から和彦さんに電話がかかってきた。

「お中元を妹に送ったが返送されているので心配だ」という内容だった。

そのすぐ後にも今度は叔母からも同様の連絡があった。

「叔父さんと叔母さんの両方に電話をもらって、その日のうちに向かったんです。叔父さんに連絡をもらわなかったら、1か月や2か月、下手したら半年近く発見が遅れていた可能性もあります」

和彦さんは、不運な出来事が連続的に重なってしまったと語った。2月には、京子さんが和彦さんの家の近くに引っ越してくるという話が持ち上がっていたのだ。京子さんから持ち出した話で、珍しく嬉しそうに話を切り出したのを和彦さんは今でもよく憶えている。

「母は東京生まれの東京育ちだし、いつかは東京に帰りたいと言っていたんです。東京のほうが、私や父親、弟とも近くなるし、交通の便や福祉も充実しているし、色々いいことがある。だから物件をネットで探してあげたりしてたんですよ。あのとき、思い切って勢いで引っ越しさせていたら良かった。考えると辛くなるので、こうしていれば……ということはあまり考えないようにしているんですけどね」和彦さんはそう言って悔しそうに下を向いた。

しかし、京子さんの体調が再び悪化したこともあり、その話はいつの間にか立ち消えになってしまった。

さらに京子さんの発見が遅れた大きな理由の一つに、隣人が最近引っ越してしまったということがある。この年の4月まで、隣には何十年来付き合いのある70代の老夫婦が住んでいた。老夫婦と京子さんの関係は円満で、互いに協力していた。京子さんが足のけがをしたときから、新聞の上げ下げなどをそのご主人が手伝っていたのだ。

「そのご夫婦が引っ越されて、人と話すことも少なくなったみたいです。新聞も取りに行くのが大変だから解約しちゃったんです。毎月の集金もなくなって、寂しかったのかもしれないですね」

京子さんに、お隣さん以外の近所付き合いはほとんどなかった。孤独死の理由として多いのが、ご近所との隔絶である。唯一の外部とのパイプであったご近所を失い、毎日の新聞配達という、何かあったら気付いてもらえるかもしれない最後の可能性も同時に消えてしまったのだ。

また、京子さんは耳が遠いこともあって電話を嫌がった。

家族とのやり取りはタブレットからメールで行っていた。そのタブレットにLINEを入れてもらおう。そう思っていた矢先だった。

「LINEは読んだら既読が付くじゃないですか。1日や2日は既読が付かなくてもそういうこともあるかなという感じですけど、さすがに1週間経ったら気づいていたはずです。倒れていても、まだ生きていて間に合ったかもしれない。あのとき、喧嘩せずにLINEを入れてたら、もしかしたら……と、本当に後悔ばかりです」

暑さと死臭の中に現れた美しい指輪

8月24日。京子さんのお部屋の清掃が行われると聞いて、私は再び千葉の団地を訪れた。

笠原さんは半そでのポロシャツで頭にタオルを巻き付け、手にはコンビニで買ったお茶やジュースなどが入った大きな袋をぶら下げていた。笠原さんの他に、作業員の男性が3人。炎天下の中の特殊清掃や遺品整理の作業は、熱中症などの危険が伴う。冷凍してカチコチにしているらしい大量のペットボトルは、最前線で過酷な作業を行う作業員への笠原さんなりの心遣いだった。

笠原さんは部屋に入ると、一礼をして新品の線香に火をつけた。部屋の臭いを軽減するため、そして死者を弔うために、特殊清掃の作業中は線香の煙を絶やさないのだという。

この日は完全にすべての窓を開け放っての作業となるため、作業員によってカーテンが取り払われる。エアコンは付いておらず、臭いは一段ときつくなっていた。

しかし、すべての窓が開け放たれた京子さんの部屋は、周囲を阻むものが何もない最上階とあって風通しがよく、右から左へと風が抜けていくのがなんとも心地よかった。

窓の外から窓枠にふと目線を下げると、緑のメタリック色の、キラキラと光ってまぶしく反射するものが見えた。無数の蠅の死骸だった。以前この部屋を訪れたときにはカーテンがかかっていたため、その存在に気付かなかったのだ。清掃の初日に殺虫剤で一気に死滅させられた蠅は、窓枠の縁に何十にも折り重なって息絶えていた。

驚き、思わず後ずさりしてしまう。

そんな私を気にする様子もなく、開け放たれた玄関のドアから、笠原さんの指示によって、作業員は慣れた手つきで衣装タンス、2段ベット、食器棚などの大きな家財道具を最初に運び出そうとしていた。

屈強な作業員たちによって、京子さんの家にあった家財道具は軽々と持ち上げられ、4階からバケツリレーの形式であっという間に1階まで運ばれていく。

その間に、笠原さんは本やパンフレットなどから押し入れの布団に至るまで、すべての遺品を一点ずつ中身を確認して仕分けしていく。遺品整理をしていると、本や書類に挟まって写真やアルバム、貴金属、現金などが突然現れることがある。そういったものが紛れていないか、一点ずつチェックして仕分けしていくのだ。大切だと思われる遺品は、段ボールに詰めていく。そして、すべて遺族のもとに送られるのだという。さすがプロといった雰囲気で、ポツリポツリと写真を本の間や書類の間から見つけ出していた。

京子さんと思しき女性が笑顔で赤ちゃんを抱いている写真があった。眼鏡をかけた女性は、ややふくよかでショートカットの髪型をしていた。和彦さんとそっくりの、ややたれ目で優しげな目元をしている。

この人が京子さんなんだ！

私は今まで京子さんの顔を知らなかった。その女性は私ににこやかに笑いかけているようで、いつまでもその写真から目が離せなかった。

笠原さんは、さらに和彦さんたちの学校のテストや落書き帳などの間から、数枚の写真を探し出した。

そこには赤ちゃんを抱いた、まだ20代前半と思しき男女が写っていた。よだれかけをした赤ちゃんは、生まれた直後のようでピンク色のパジャマを着た京子さんが頭を支えている。そして父親と思われるチェックのシャツの男性が赤ちゃんをあやしている。この写真に写っているのは、生まれたばかりの和彦さんと、その父、そして京子さんなのだ。京子さんは、隣の男性の明るい表情とは違って、どことなくそわそわと落ち着かない顔をしている。それが出産直後の一家のワンシーンを切り抜いたかのようで、逆に生々しくもあった。

そう、一つの家族の物語は、きっとここから始まったのだ。私がそうした思いに耽る間にも、一つまた一つと、京子さんを形作っていたものが、少しずつ部屋から失われていく。

そして今まさにこの瞬間に、家族の物語は幕を閉じようとしている。この部屋に詰まった京子さんの生きた証しが消えていくようで、ひりつくような心の痛みを感じずにはいられなかった。

そんな私を我に返らせたのは、笠原さんの丁寧な仕事ぶりだった。笠原さんはどんなに古びた本であっても、必ず最初から最後まで中身を開いて、遺族にとって何か大切なものは入っていないか確認していく。無造作にタンスの奥に入っていた赤茶けた書類の束も、時間をかけて1枚ずつ中身を見ている。正直、雑にやろうと思えばいくらでもできるはずだ。そういういい加減な業者も多いと笠原さんは言う。気の遠くなるような作業だが、一つひとつの動作に笠原さんの死者への敬意がにじみ出ていた。

「菅野さん、これ見てください。こんなものが出てきました」

作業の中、笠原さんは一つの段ボール箱を見せてくれた。子供部屋の押し入れの片隅に眠っていたという、なんの変哲もない30センチ四方のお菓子の段ボール箱だった。

その箱の中には、赤やオレンジ、緑などの、いくつものピカピカとまばゆい光を放っているものが入っていた。

「わぁ、きれい！」

目をこらして見ると、細かいビーズをつむいで作られた無数の手作りの指輪だった。思わず声を上げてしまうほどの、美しさ。

生前に京子さんは、このわずか1ミリほどのビーズを一つひとつ手に取っては糸でつなぎ、いくつもの指輪を完成させていた。なんて繊細な手仕事だろう。

真夏の熱気が立ち込め、時間が経つにつれて死臭はより一層強くなる。

作業員は暑さと死臭の中で汗をポタポタと垂らし、奮闘しながら作業を行っている。そして家具の隙間からふわふわと舞うほこりと、数えきれないほどの真っ黒の蛹が転がる床——。

孤独死のあった夏場の現場は、文字通り修羅場である。そんな中ひょっこりと現れた京子さんのビーズの指輪は、不思議な輝きを帯びているように思えた。

部屋のものがすべて運ばれると、壁のエアコンが取り外された。

作業員の男性の一人が、丁寧にベランダにこびりついた泥の清掃をしている。笠原さんは掃除機と塵取りを使って、室内に落ちた蛹や蠅をかき集めていく。

ベランダにかかった物干し竿がスルスルと折り畳まれ、入り口から回収されていく。そして最後に残された白熱灯の照明が取り外されたときに、ああ、これですべてが終わったんだ、私は漠然とそう思った。この部屋は無に戻ったのだ。もう京子さんのいた痕跡はどこにもない。主と家具を失った部屋はガランとして、初めてこの部屋に入ったときの何倍も広く感じた。

「こんなに、広いんですね」

「そうなんです。こんなに、広いんです。清掃の終わった部屋を見られたご遺族は、こんなにこのお部屋って広かったんですね、ってよく言われるんですよ」

笠原さんはポタポタ落ちる汗を拭いながら、私に笑いかけた。ベランダからそよぐ風が私と笠原さんの顔をくすぐった。京子さんの思い出が運び出されていくときに感じた心の痛みはなくなっていた。

ベランダから空の低い場所をゆっくりと流れる雲を眺めながら、京子さんもどこか別の場所へ移動していったのだと思った。

後悔だけが後に残った

京子さんの散骨が終わった10月上旬、私は和彦さんの自宅を訪ねることにした。和彦さんの住まいは、品川区の閑静な住宅街の一角にあるマンションの一室だった。京子さんが2月に思い描いていた東京生活が実現していれば、このマンションの近くに住んでいたのかもしれない。和彦さんが言っていた、叶っていたかもしれない京子さんの東京生活――。それを一瞬目にしたような気がして、私は少し切なくなった。

和彦さんの住んでいるマンションに伺うと、妻のさおりさん(仮名)も出迎えてくれた。さおりさんは、とても物腰の柔らかい聡明な女性だった。

あの日以来ずっと、京子さんのことを考え、思い悩む日々を送ってきたという。

「本当にふがいない嫁だったなぁと、それぱっかりがこみ上げてきました。なんて薄情だったんだろうと。子供が小さいこともあって、メールとかも全然返せてなかった。でもそれはきっと言い訳ですよね。私も、もっとちゃんとお姑さんと交流を持つようにしておけば良かったんです」

そう語るさおりさんの言葉は、私と世代的に近いこともあって、色々と考えさせられるものがあった。子育てや家庭生活、目の前の煩雑な日々の中で、時折送ってくる京子さんのはがきやメールに返信できなかったこと——。それをさおりさんは今も後悔し続けていた。

和彦さんは散骨の写真を見せてくれた。京子さんが散骨を選んだ理由は、大好きだった萩尾望都の『ポーの一族』の影響ではないかと考えているという。なぜなら、その作品の中には、吸血鬼が死を迎えると灰になって消えてしまうシーンがあるからである。

そのエピソードを聞いてから再び写真を凝視した。

スカイブルーの海に、徐々に白い灰が溶けてあっという間になくなる……。それは漫画の幻想世界がそっくりそのまま現実になったような光景だった。

和彦さんは一冊のアルバムを取り出して私たちに見せてくれた。京子さんが子供たちに残すために作ったもので、新聞へ投書した川柳や絵画などが綺麗にファイリングされている。

「墓も位牌もないけれど、母はこれをちゃんと残してくれた。これが私にとってはお墓なんです」

和彦さんはそう言ってアルバムを大切そうに撫でた。墓所を購入して墓石を建てたその空間だけが墓なのではない。和彦さんにとって、京子さんが残した言葉が何よりの墓標になるだろう。

最後のページに残されていたのは、2016年6月16日。冷蔵庫に貼ってあった記事と同じ、毎日新聞に掲載された川柳だった。

【寂しさが夜中のアイス食べさせる】

これ以降は白紙のページが続いている。京子さんにとっては、これが最後の掲載作品である。あの団地の一室で、京子さんは一人でアイスを食べていたのだろうか。

京子さんは、寂しかったのだろうか。孤独だったのだろうか。和彦さんのような母親思いの息子がいても、ふいに寂しさが襲ってくることもあっただろう。しかし、孤独と孤独死は、似て非なるものだと思う。少なくとも自ら孤独を選んで生きることと、その死が発見されないこととは結び付いているようで、実はそれほど単純に結び付いてはいないのではないか。京子さんの最後の投稿に、私はそんな思いを巡らせていた。

私はふと京子さんが冷蔵庫に貼った毎日新聞の記事を思い出した。そして、執筆した滝野隆浩さんに会わなければならないと思った。調べていくと、どうやらあの記事は毎日新聞の首都圏版の切り抜きということがわかった。掲載は、2015年6月20日。京子さんが亡くなる約1年前だ。

滝野さんの記事は、「私は肝硬変で死ぬだろう。そのことだけは、はっきりしている。だが、だからと言って墓は建てて欲しくない。私の墓は、私のことばであれば、充分」という寺山修司の言葉の引用から始まっている。寺山修司とも親交の深かった多摩美術大学教授の萩原朔美さんのお墓探しのセミナーの講演を中心に構成されたものらしい。

「お墓は、生きている人がその人の死を納得するためのものなんです」

講演で語られた萩原さんの言葉は記事中でも引用されていた。萩原さんの母、葉子さんは作家で、子供のころ寝ている部屋の隣で母は執筆を続けている。鉛筆を原稿用紙に走らせる音と消しゴムが転がる音が子守歌だったのだという。そんな母と同居して半年余り「介護のまねごと」をした。記事によると、萩原さんの母が84歳で亡くなる10年前に萩原さんに託したのが、「葉子の希い」という一枚のメモであった。そこには、「葬式なし／戒名不要／花、香典不要」と書かれてあった。そう、京子さんが赤のボールペンで囲んでいた箇所だ。

私は滝野さんに会いたいと思った。

滝野さんに会って、この事実を伝えなければと思った。一人の女性が滝野さんの文章によって感化されたということを。それは不思議なくらい衝動的だった。

毎日新聞社に電話で連絡を取ろうかと思ったが、滝野さんの名前をネットで検索すると、ご本人のTwitterやFacebookが出てくることがわかった。私は滝野さんに事情を説明してぜひ会ってほしいとメッセージを送った。

滝野さんはフランクな方で、すぐに会ってくださるということで、毎日新聞社がある竹橋を訪ねることにした。

待ち合わせの喫茶店に現れた滝野さんは、落ち着いた雰囲気のとてもフレンドリーな50代後半の男性だった。長年終活をテーマに仕事を続けていて、今は看取りをテーマに取材、執筆をされているという。京子さんの家にこれがあったと、新聞記事の切り抜きのことを伝えると「言葉が出ない。でも、嬉しいですね」と言ってくれた。

「寺山修司の言葉は文句なしにかっこいいし、萩原さんのお母さんの言葉である、『戒名・墓なし』は、団塊の世代が特にそう思っていることです。世代的に、先祖代々の夫の墓に妻である女性たちが否応なしに入れられたり、華美でカネばかりかかる葬送をさんざん見せられてきて、本当にこれでいいのだろうか、これは故人が望んだお葬式なのだろうか、という感覚があるんです。でも伝えたかったのは、そこではないんです」

確かに、70年代を代表する若者のカリスマであった寺山修司の言葉は、今の時代に生きる私でも、ぐっと心を掴まれる魅力に溢れている。

しかし、寺山修司は本人の希望とは裏腹に、八王子に大きな墓を建てられてしまったという。劇団の仲間は、その墓前によく集っているらしい。それは寺山修司が望んだことではないが、残された人がわいわいやれる墓前という場所では、故人と残された仲間や家族が一緒になれる。つまりお墓では生と死が一緒になると滝野さんは感じている。

それは、これまで長く終活を取材してきた滝野さんがたどり着いた、ある意味「身じまい」の理想の形でもあった。

何が正解か、答えはない。滝野さん自身、自分の最期については答えが出ていないし、答えを見つけたとしても、自分が果たして実践できるかはわからない、としみじみと語った。墓について、散骨でいいと言う奥さんと真っ向から意見が分かれていて、その中で逡巡しているとも教えてくれた。

京子さんは、確かに遺書を残した。そこには所々ボールペンで書き加えたり、消されたりした箇所があった。

何かに迷ったりする、それこそがとても人間らしい行為なのではないだろうかと、滝野さんはそんなふうな捉え方をした。なるほどと思った。きっと人は、自分が決めたことでも、最後の最後まで迷い、いつまでも悩むものなのだろうと。

母の孤独死をきっかけに家族が再生

「母の死をきっかけに、家族の中で進展したことがあるんです」

和彦さんは取材の最後に教えてくれた。

京子さんの死後、それまでバラバラだった家族が密に連絡を取り合うようになった。そしてそれがきっかけで、和彦さんの弟さんとお父さんが都内で一緒に住むことになったのだという。一人暮らしをしている父親の孤独死を心配したから、というわけではない。昔から精神的に不安を抱えている弟さんとお父さんが話し合った結果、新しい住居を見つけて2人で一緒に住むことになったのである。母の孤独死によって10年ぶりに再会を果たした家族は、少しずつではあるが、一歩、また一歩とその形を取り戻そうとしているかのようだ。

「葬式の後に、オヤジがうちに来たんですけど、それも10年ぶりだったんです。家族全員で揃ったのが10年ぶり。朝までこの部屋でいろんな話をしました。お姉ちゃんはお母さんがみんなを会わせてくれたんだねって、言ってましたね」

――生別は　死別ではなく　いつの日か逢うかもしれず　畏れてをりぬ――

生前、京子さんは、こんな川柳を残している。

京子さんはもうこの世にはいない。しかし、生別していた家族は彼女の死によって、少しずつ小さな糸を紡ぐかのように再生しようとしていた。それは滝野さんが記事で伝えたかったような「故人と生き残った仲間、生と死が一緒になる」場所が、和彦さんの家族に生まれようとしている瞬間でもあった。

「来週引っ越しなので、引っ越し祝いでも持っていこうかなと思っているんです」

和彦さんは少し照れくさそうに、そう話してくれた。さおりさんも、そんな和彦さんを見ながら、にこやかな表情を浮かべた。

京子さんの死によって、家族全員がどのような死を迎えたいか、そのためにはどんなことをすればいいか、積極的に話をするようになった。そして、家族がそれぞれ1冊ずつエンディングノートを書いておくことにした。今のうちから自分の最期や、もしものことがあったときのことについて、自分の希望や伝えておきたいことなどを記しておくためだ。

「もちろん、まだまだ私は死ぬつもりはないんですけどね」

と和彦さんが笑みをこぼす。

一人の孤独死をきっかけに、家族の何かが変わろうとしている……。私は、その瞬間に立ち会えたことを心から嬉しく思った。そして、その姿をこれからも見届けたいと思っている。

孤独死は、残された遺族にとって悲惨であることは間違いない。なぜ連絡を取らなかったのかと生涯自分を責め続ける。遺体は夏場なら腐敗によって強烈な臭いがして、部屋に入ることもままならなくなる。その被害は周囲にも及んで、隣人は引っ越しを余儀なくされることもある。警察の家族への事情聴取では家族関係を根掘り葉掘り聞かれ、二重にショックを受ける。

今回、和彦さんの一家が支払った遺品整理、特殊清掃の代金は１０８万円。これは通常の遺品整理の約１・５倍の金額だという。業者によってその金額は様々だが、体液が床下深くまで達していると大幅なリフォームが必要な場合もあり、金銭面でもさらに多額の費用がかかることもある。

負担は残された遺族に、否応なく押し付けられてしまう。これが孤独死の偽らざる現状だ。単身者であれば、孤独死は２日間誰とも連絡をとっていなかっただけで、誰の身にでも起こりうる。

私は、特殊清掃業者から若年者の自殺や突然死の遺体発見が遅れた現場も見せてもらった。つまり、毎日連絡をする人が周囲にいないのであれば、孤独死に老若男女は関係ないのである。けれども、孤独死の現状がいくら悲惨だと言ったところで、亡くなってしまった本人はもはやこの世にはいない。残された誰かが、孤独死を処理しなければならないのだ。それが理不尽さをより一層強烈なものにしている。

和彦さんの奥さん、さおりさんは孤独死について「夫や私たちにとって、一生引きずっていかなければならないメガトン級のトラウマになった」と表現した。孤独死がいかに家族に大きな傷を残すかをシンプルに表した言葉だと思う。

しかし、最後の結末が孤独死だからといって、決してその人が不幸な人生だったというわけではない。私は、京子さんが3つのペンネームを使い分けて新聞に投稿していたことを知っている。おちゃめで、少ししたたかで、ユーモアのある女性であったことを知っている。

きっと生前出会っていればお友達になれただろう。

彼女にとっては最後の掲載となった【寂しさが夜中のアイス食べさせる】という川柳。これが掲載されたとき、新聞を見た京子さんはきっと一人でニヤニヤしていたのではないだろうか。「あら。また新聞に載っちゃったわ」なんて――。

人の営みは多面的で、常に一面的な解釈を超えていく。

ボールペンで消され、書き換えられた遺書が証明していた。

滝野さんとの出会いは、私にそれを教えてくれた。「私の墓は、私のことばであれば、充分」と言った寺山修司だったが、最終的に墓を建てられた。それが正しいことなのかはきっと誰にもわからない。正しさなんて言葉が空疎に思えるような次元に死者という存在はいて、私たちに様々な影響を与えて続けている。

それは、京子さんの生前の希望通りの葬儀を実行した、和彦さんの京子さんへの愛についても言える。墓も戒名もなく、散骨をしただけだったが、不在の母を中心にして家族が再編されようとしている。きっとあのアルバムが墓となり、集いの場となり、これからも和彦さんたちに何かを語りかけ続けるのだろう。寺山修司が今もどこかで何かを語り続けているように。

最後に、京子さんが、子供たちのファイリングブックに残した言葉を記しておこう。

「そうなのだ　この世こそ　パラレルだ　いるべきところへわたしは戻ろう」（2013年、日経歌壇）

京子さんはすでにいるべきところにいる。

遺灰は舞子の海に散ったが、彼女の墓はアルバムであり、彼女が残した言葉は、和彦さんたちの中で新しく育っている。

この取材の過程で、滝野さんが笠原さんに会いたいとおっしゃったので、先日3人で集まった。滝野さんは特殊清掃の現場に興味を持ったようで、記事にしたいという。

私は京子さんに導かれて滝野さんと出会い、今度は滝野さんと笠原さんがつながることになった。こうして京子さんの言葉は無限に関係を紡いでいく。京子さんは私の中にもいる。それはきっとあのお洒落な部屋——今はどこにも存在しないけれども——に似た墓標となって生き続け、生涯忘れることはないだろう。

第三章　セルフ・ネグレクトと孤独死

民生委員も入れない孤独死予備軍の現場

「ああ、このお部屋は、セルフ・ネグレクトですね」

全国に展開している大手特殊清掃会社グッドベアの特殊清掃人の女性は、部屋に入るなり、厳重な防毒マスク越しにそう教えてくれた。スースーという呼吸の音だけが、家主を失った部屋に響く。

築30年は下らない老朽化したアパートの、いわゆるゴミ屋敷のような6畳一間の部屋。そこで50代の男性は、脱ぎ捨てたおむつや段ボール箱、散乱するお菓子の空袋に埋もれるようにして亡くなっていた。私が初めて取材で入った特殊清掃の現場だった。

畳の上にはベッチャリとした繊維質の黒い塊があって、それが頭皮ごと剝がれ落ちた髪の束であることにすぐ気付いた。当然遺体本体はそこにはないが、警察が遺していった男性の「落とし物」に、思わずぞくりとさせられた。

セルフ・ネグレクト——。一般的には聞きなれない言葉かもしれないが、特殊清掃の世界では日常用語のように使用されている。彼らが請け負う案件の傾向を見ていると、その理由がよくわかる。そのぐらい、セルフ・ネグレクトと孤独死とは切っても切り離せないつながりがある。

私は、すでに述べたように笠原さんや他の特殊清掃の業者とともに、数々の孤独死の現場に同行してきた。そこには「ゴミが散乱している」「訪ねて来る人がほとんどいない」などの共通点があった。

それこそがセルフ・ネグレクトの特徴であった。そう、私が見てきた孤独死現場の住人のほとんどが、セルフ・ネグレクトの状態にあったのだ。

それを裏付けるデータもある。

第一章でも取り上げたニッセイ基礎研究所は、孤独死とセルフ・ネグレクトの関係についても研究を行っている。全国の市区町村を通じて「生活保護担当課」と「地域包括センター」で把握している孤独死事例を収集したのだが、その結果、8割がセルフ・ネグレクト状態にあったと考えられると発表したのだ。

セルフ・ネグレクトとは「自己放任」のことである。必要な食事を摂らなかったり、体調不良であるにもかかわらず医療を拒んだりするなどして、自身の健康状態を悪化させるような行為だ。だが、孤独死と同様、セルフ・ネグレクトについても国による明確な定義づけはできていないのが現状である。

特殊清掃は、あくまでも亡くなった後の掃除であるため、孤独死をした人がどんな人物であったのかはわからない。

こういったセルフ・ネグレクト状態の人に、生前から深く関わっている立場の人が民生委員だ。民生委員とは厚生労働大臣から委嘱され、それぞれの地域で住民の立場に立って相談を受け、福祉サービスなどを適切に利用するために必要な援助を行う立場の人である。つまり、地域の福祉の最先端に位置していると言える。しかし、果たして実態はどうなっているのか。ご存じの方も多いと思うが、民生委員は奉仕者であり、無報酬である（交通費などに充てられる活動費は支給される）。

私は、都内に住む民生委員の徳山さん（仮名）に話を聞くことにした。徳山さんは、セルフ・ネグレクト状態から孤独死で亡くなった人を何人も見てきたという。

徳山さんはおっとりとした60歳の女性。会社勤めを辞めてから、子供たちがお世話になった地域の役に立ちたいと思うようになったという。そして町会の役員を務めるうちに、定年で引退（各都道府県によって違うが、一般的には75歳）した民生委員の引き継ぎを依頼された。民生委員を始めて今年でもう6年目である。

「近所の方が『あそこのお家、ちょっとおかしいのよね。最近見かけないのよね』ということがあると、『行ってみてくれない？』と言われて最初に見に行くのが民生委員なんですね」

65歳以上の一人暮らしの方と、70歳以上のお年寄りだけの世帯は、数か月に一度重点的に見守ることもある。「見守り」とは、子供や高齢者に対し、安全な状態にあるかどうか、自宅を訪問するなどして安否確認をすることである。

「民生委員には役所から高齢者世帯の名簿が来るんですが、その受け持ちはうちの地区だと200世帯もあります。なので、ほとんどの世帯は1年に1回『何か困りごとありませんか？　お元気ですか』と安否確認するぐらいですね」

そのような頻度だと、民生委員が訪問している家だとしても、孤独死が発生してもなんらおかしくない。現に徳山さんが見守りに関わった高齢者のうち3人が孤独死している。

徳山さんが遭遇した孤独死のうち、一人は80代の単身で暮らすおばあさんだった。そこは前々から近所で有名なゴミ屋敷だった。ある日、おばあさんが家で倒れているところを近所の人が見付けて救急車を呼んだ。しかし、救急車に乗ることは絶対に嫌だと拒否したのだという。

「私はここで死んでもかまわない。人に迷惑かけたくないって言うんですよ。しっかりしたおばあちゃんで、普段は買い物も自分で行ってたみたいなんです。でも、夏の暑いときに熱中症か何かで倒れてて、救急車を呼んだんですけど、乗らなかった。その数日後に、孤独死してたんです。クーラーがないから窓を開けて、お風呂もないおうちだったんですよ。心配して近所の方が訪ねていくとダニだらけだったみたいで。それでも最後まで、絶対人さまには頼りたくないって言ってましたね」

セルフ・ネグレクトには、必要な医療やケアを拒否するケースが多い。ニッセイ基礎研究所が行った調査では、孤立死事例の約5割に医療や福祉の拒否が見られた。おばあさんが倒れたときに、救急車ですぐ病院に運ばれて適切な治療を受けていたら、一命は取り留めたかもしれない。それを考えると、セルフ・ネグレクトが大きなリスクであることがわかるだろう。その一方で、徳山さんの話からは、本人に明確に介入を拒否されるとそれ以上立ち入ることができない、民生委員のジレンマもひしひしと伝わってくる。

徳山さんが遭遇したもう一つの孤独死は、がんを患っていた男性の案件だ。ケースワーカーは入っていたが、医療をかたくなに拒否していた。他人との関係を完全に遮断し、身内や友達もおらず、地域からも完全に孤立した状態だったという。病院にも行かなくなり、薬も飲まず、衰弱が進んでアパートで孤独死していたのだという。

「誰でもお話できればちょっとでも気持ちが楽になるからと、ケースワーカーさんから訪問をお願いされたんですけど、いくら呼び鈴を鳴らしても出てきてくれないんです。

だから、どんな方かは顔も見ていません。それで、ある日訪ねていったら、警察の方が来ていて、ああ、やっぱり……となった。腐敗が進行していたみたいで、臭いで見つかったみたいです」

徳山さんは歯切れが悪そうにそう語った。

200世帯を定期的に訪問する中で、不在だった場合は不在票を入れるようにしている。あまりに返事がないと、ひょっとして孤独死しているのでは？と不安になることも多々ある。何度か日を改めて訪ねたりするものの、それ以上深追いはしないし、できないのだという。

「福祉のお世話になりたくないとか、まだまだ自分は大丈夫とか、なんとか一人でやれますとか、そんな理由で生活保護も介護保険も受けずに、ヘルパーさんにも頼らずやっとのことで買い物に行ってるような方って、実は結構いらっしゃるんですね。そんな方が孤独死するケースが本当に多いんです。昔の人は、福祉のお世話になんかなりたくないって言うんです。だから割と気丈な方が孤独死するパターンが多いかなと思います。結局、孤独死したら迷惑かけちゃうと思うんですけど……」

徳山さんが言うことはもっともだ。徳山さんが見ていて孤独死予備軍と感じる人は、一人暮らしの男性が多いという。しかも、明らかに福祉や医療の手が必要とされているケースであっても、申し出自体が嫌がられることもしばしばあるという。

「引きこもっているような方にデイサービスを勧めたりするんですが、男性は『みんなで行って何かしましょう』というのをとても嫌がるんです。一人で本読んでいるほうがいいからとか、ああいうのは好きじゃないとか……」

そう言われたら、無理に反論したり連れ出したりすることはしない。一人で200世帯を受け持っていることもあり、なかなかすべてには目が届かない。本人に拒否されたらそれまでという思いもある。

徳山さん自身、なるべく地域に目を向けてはいるが、一軒一軒に深くは関われないのが現状だという。助けが必要な高齢者などに対して、地域包括支援センターなどの公的な福祉サービスにつなげるのが民生委員の最終的な役割であると徳山さんは話す。しかし、その前段階でコミュニケーションを閉ざされるケースが多く、当事者が本当に困っていることは何か、ニーズをつかめずに終わってしまう。

「例えばゴミ屋敷は私が今関わっている中でも3、4軒あるんですが、そこには全く介入してないんですよ。ゴミを出すのが大変な方は、区がおうちまで取りに来てくれますよと、言うことはできます。でも、体調が悪くてゴミを出すのが大変なわけではなさそうなんです。お元気であるにもかかわらず、ゴミが家の中に溜まってるんですからね。嫌がるお宅には無理して入らなくていいですよと役所から言われているし、そうすると無理強いはできませんよね。もしかしたら、そういう方たちほど助けが必要なのでは？

と感じてはいるのですが……」

でも、そこまでして入れと言われると、民生委員としても荷が重いです、と徳山さんは言葉を続けた。

それでもドアを開けてくれたり、インターホン越しに会話ができればいいほうだという。徳山さんが一番危惧しているのが、自分のような民生委員を完全にシャットアウトしてしまい、目が届かなくなっている人たちだからだ。徳山さんが語る事例はセルフ・ネグレクトの典型であり、孤独死予備軍と言える。

医療をかたくなに拒否するというのは本人の意思でもあるので尊重すべきとの立場もある。けれども、それが本人の健康を蝕むのだとしたら、放置していい問題だとは言えないし、その結果、孤独死という結末を迎えるのだとしたら、徳山さんが言う通り、結果的に周りにも迷惑がかかることとなる。

そういったセルフ・ネグレクトの人を社会的に支援していくには、一体どうしたらいいのだろうか。

セルフ・ネグレクトは孤独死に直結する

「セルフ・ネグレクトと孤立死に関する実態把握と地域支援のあり方に関する調査研究

報告書」という研究結果を発表した、ニッセイ基礎研究所に再び足を運ぶことにした。この研究を行ったのは、前田研究員と同じ、生活研究部の井上智紀研究員らのチームである。

まずセルフ・ネグレクトについて解説してもらう。

「人が自分の心身の健康を損なう行動をすることを言います。簡単に言うと、自分自身の世話をしなくなること。例えば、顔を洗う、歯を磨く、服を着替える、洗濯をする、食事のバランスに気を付ける、などという諸々のことをやらなくなることですね」

ぎくりとした人も多いのではないだろうか。

しかし、井上研究員によれば、時々羽目を外して飲みすぎたりするのは、あってもおかしくないし、なんら問題ではないのだという。それを継続的に、何か月、何年も行ってしまうことが問題なのだ。そのような生活を続けると、体力がある若いうちはいいが、中高年になっていくうちに、生活習慣病まっしぐらに突き進んでしまう。

セルフ・ネグレクトには、認知症のような病気によって正常な判断力や意欲が低下している場合と、判断力などは低下していないものの、本人の意思によってなる場合の二種類に分けられる。しかし、自分の心身の安全が脅かされるという意味では、陥っている状況は同じである。

「私たちの研究では、地域包括支援センター等でデータを集めたんですが、孤立死の事例の8割にセルフ・ネグレクトと思われるような症状が確認できたんです。ゴミ屋敷はとてもわかりやすいセルフ・ネグレクトの例ですが、その他にも十分な食事を摂っていないとか、何日も入浴や洗濯をしていないとか、排泄物の放置、あるいは医療の拒否などですね。あとは、家が猫屋敷になっていたり、世話できないほどの犬や猫を飼っていたりとか、様々なケースがあり、これらが複合的に絡まり合っている場合もあります」

セルフ・ネグレクトに陥ると、人との関わりを拒否したり、さらには閉じこもりがちになることもある。そのため自分の身に何か起こったとしても、発見が遅れるだけではなく、最悪の場合には死に直結してしまう。その先に待ち受けるのが孤独死だ。井上研究員は「ある意味、セルフ・ネグレクトは緩慢な自殺と言っていいかもしれない」と評した。

「急性の心筋梗塞で倒れてしまっても、誰とも付き合っていなければ、倒れたままの状態で存命のうちには発見されないんですね。見つかったときはもう亡くなっている。人付き合いがあれば、顔を見せないからおかしいなということで、発見されて救急搬送されて一命を取り留めることもあり得るんですけど、セルフ・ネグレクトになると、そういった人付き合いは避けてしまう。自分が緊急事態になっても誰も発見してくれない。だからこそ、孤独死とセルフ・ネグレクトは関連が深いのです」

いかに孤独死を防げるかは、いかにセルフ・ネグレクトを防ぐかにかかっていると言っても過言ではないのだ。井上研究員らの研究によると、意外にも高齢者のセルフ・ネグレクトでは、自立度が高い人が多く、半数が介護保険未申請で、約9割は障害手帳も持っていないということが判明している。

その半面、アルコール依存の問題があったり、精神疾患を抱えている人がそれぞれ約2割を占めている。さらに、治療が必要な疾患に罹っている人は約5割を占め、その多くが栄養不良や、必要なサービスの拒否による命に関わる深刻な状況であったという。また、生活環境としては独居が約7割で、支援する家族がいない人がさらにその中の約7割を占めていた。残り約3割は家族等と同居しているということになるが、たとえ同居していても家族に支援されていない人がその中にも半数超もいて、いわば「家庭内孤立」の高齢者の存在も明らかになったという。

もしセルフ・ネグレクトと思われる人から医療の拒否など支援の拒絶があったとしても、そもそも必要な情報や知識を持っていない場合も考えられる。

実際に私が取材した都内の一戸建てのゴミ屋敷は、息子は自閉症、母親は認知症、同居する叔父には内臓疾患があった。その一家を粘り強く行政関係者が説得したところ、息子と母親はそれぞれ施設への入居が決まった。ただ、叔父だけは頑なに支援を拒否し、残念ながらこの自宅に留まり、孤独死してしまう。息子は施設に移った当初は家に帰りたいと言っていたが、現在では栄養状態も良くなり、自宅にいた当時とは見違えるように元気になったという。自分の置かれていた状況を冷静に考えられるようになり、本来の明るい性格を取り戻した。このケースは行政関係者の努力によって共倒れを免れた例だと言える。

このように、支援を拒否されても、本来求められているニーズを見極めることが大事なのだと、この研究結果は訴える。

しかし、これは稀なケースで、現実に置き換えると、先ほどの民生委員の話にある通り、支援者にはとてつもない労力がかかるというのも事実だ。

支援の目が届かない65歳未満

この研究結果はあくまで高齢者に絞った内容になっているが、セルフ・ネグレクトは高齢者の問題だけではないと井上研究員は力説する。

「高齢者はまだいいんですよ。65歳以上だったら介護保険制度があるので、多くの場合なんらかの形で地域包括の方や民生委員の方がコンタクトを取りに行くんです。民生委員の訪問などは頻繁ではないかもしれませんが、異変に気付いてもらえるきっかけにはなる。なんらかの兆候が発見されて、介護サービスなどにつなげられる可能性がまだあるんです」

むしろ難しいのは65歳未満だという。

例えば、50代でリストラされて失業した男性が、ふとしたきっかけで酒浸りになり、アルコール性肝機能障害に罹ってしまう。しかし、賃貸アパートということもあり、両隣の住民と付き合いのないまま男性は孤立。行政のサポートからはあぶれているし、仮に亡くなったとしても、全く発見されないため、孤独死してしまう。

「すごく仲がいいご夫婦の場合、連れ合いを亡くされると自分も早く死にたいと思ってしまう人もいます。パートナーとの関係が親密すぎて、それ以外誰ともつながらなくてもいいやと思っている人はそういう状態に陥りやすいんです。身体は健康だったのに、家族を亡くされたショックからセルフ・ネグレクトに陥ってしまうというケースも多々ありますし、きっかけは様々ですね」

セルフ・ネグレクトに陥っても福祉の目には留まらないのが、この世代の問題をより一層見えなくしている。

「セルフ・ネグレクトは世代にかかわらず起こることなんです。若い子でも、ゴミを片付けることができなくて、天井近くまで蓄積した部屋に住んでいる人がいます。そういう人は、それこそ亡くなるまでは本当に発見できない。今回の研究で高齢者のセルフ・ネグレクトの実態は明らかになりましたが、若者の孤立化、若者のセルフ・ネグレクトがどういう状態なのか、我々でも全く未知数なのです」

この場合、若さは保険にはならない。病気に由来するセルフ・ネグレクトは年齢に関係なく起きる。若年性認知症のような例だけではなく、その他の精神疾患をきっかけにしても起こるのだという。会社勤めをしていれば不審に思って訪ねてきてくれる同僚などがいるからいいが、先の失業した男性などは孤独死一直線というわけだ。

「例えば、うつ病になったとします。うつ病に罹っているにもかかわらず治療していなければ、それはセルフ・ネグレクトの状態にあると言えます。精神疾患でなくても、失業や仕事上の失敗などという心理的なストレスから現役世代の人たちがセルフ・ネグレクトに陥ってしまうということは、誰にでも起こり得ると思っていたほうがいいでしょう」

そして、その実態把握は、残念ながら高齢者ほどにはなされていないのだ。

セルフ・ネグレクトには、介入しづらい。そもそも見守りなどのシステム自体もない高齢者以外は、介入の前に存在の発見さえ難しいこともある。例えば、第一章で取り上げた多頭飼いの男性の孤独死の事例がそうだ。

それこそ孤独死してから、臭いが発生するまでセルフ・ネグレクトであることを住民の誰もが知らないということも考えられる。また仮に近隣の住民が「何かおかしい」と思ってはいても、付き合いの浅い賃貸住宅などは、見て見ぬふりをすることだってあるだろう。

もし自分がセルフ・ネグレクトになったとしても、誰も助けてくれないこともありえるのだ。

そのため、誰もがセルフ・ネグレクトに陥ってしまう可能性があるという危機意識は持っていたほうがいいと、井上研究員は語る。

地域コミュニティが崩壊していると言われて久しいが、井上研究員はそれをいかに組み直すかが鍵になっていると語る。

第二次安倍内閣は、2014年に主要な政策として、「地方創生」を掲げた。これは別名ローカル・アベノミクスと言われるもので、東京一極集中を是正し、各地域や地方がそれぞれの特徴を活かした魅力ある地方を作ろうという国の政策だ。具体的には、地方での雇用の創出、地方移住の推進、若い世代の就労や子育ての支援などが挙げられる。

「この『地方創生』の流れを汲んで、地域コミュニティを再度作っていくことが大切です。それには行政だけでは限界がある。民生委員さんも大変だと思いますけど、やはり地域住民にいかに関わってもらうかが鍵になってきます。あとは、宅配業者やコンビニといった民間事業者に、見守りを手伝ってもらうしかやりようがないですね。

一人で亡くなること自体は防ぎようがないです。ただ、普段から周りの人たちが見てる、見守っている状態があれば、一人で亡くなったとしても、できるだけ早く発見できるような状況には持っていけるでしょうし、そのための取組みはできると思います。干渉されたくないという人に関しては遠巻きに見られる範囲で、気付けるところを探しかないですよね。戸建てだったら、雨戸が閉まったままとかカーテンが開いていないとか、夜薄暗くなっても電気が点いていないという状態なら、倒れているか外出しているかのどちらかでしょうから、帰宅した気配がなければ、十中八九倒れていると……。そういう形で関わっていくことはできるでしょう」

セルフ・ネグレクトになってからでは遅い。ここでもやはり、人との付き合い方がセルフ・ネグレクト防止の重要な要素になってくる。では、福祉の目が届きにくい世代はどうすればいいのだろうか。

「できるだけ多様な人と付き合うことですね。家族の関係だけに閉じこもらないこと。例えば地域の方などとできるだけ頻繁に会話をする機会を作る。子供がいたとしても、遠方に住んでいたらすぐに駆け付けられるわけじゃない。でも近所に付き合っている人がいれば、もっと早く気付いてもらえるわけですよ。親に何かあったかもと子供が気付いたとき、ご近所の方に『様子を見てもらえない？』と頼める関係があれば、救える命があるかもしれないですよね」

近所付き合いは、孤独死の防止にとても重要である。井上研究員は、自分から積極的に周りと関わっていくことによって、ご近所の人の異変に気付いて自分が助ける立場になるセルフヘルプのほうが、受け入れられるのではないかと語った。

何かあったとき自分が助けてもらうために、普段から誰かと付き合うということには抵抗がある。それよりは、ご近所の人たちに何かあったときに、自分が助けてあげられる状態にいることで、自分も助けてもらえるという考え方だ。そこには、自らが積極的に関わっていこうとする意志が必要なのだという。

しかし、ただでさえ深い近隣関係を望まない人たちが増えている昨今、そういった地域の復活はかなり難しいであろうと感じる。賃貸住宅の場合、人の入れ替わりも激しい。

地域での関係、「地縁」づくりが難しければ、「選択縁」と呼ばれる趣味のつながりでもいい。会社勤めをしていれば「社縁」もあるだろう。やはりなんらかの人との関わりを持つことは、孤独死防止には避けて通れないのである。

私は、千葉県のとある住宅街の家のことを思い出していた。まだまだ新しい庭付きの住宅が立ち並ぶ一角にその家はあった。草が胸のあたりまで生い茂って、どこにも足の踏み場はない。雑草の隙間に見えたのは、在りし日の犬小屋だった。離婚後、大きなマイホームを持て余して孤立してしまった男性の部屋は荒れ果て、テレビだけが男性の死後もまばゆい光を放っていた。

周囲の家を見渡すと、きれいに芝が刈られた庭ばかりで、この家だけが孤島のように取り残され、人間的な営みから隔絶しているかのようだった。

部屋には求人誌が無造作に置かれてあり、トイレはもう何年も掃除しておらず、饐えたような異臭を放ち、便器は黒ずんでいた。そこで男性はたった一人で生活していた。男性は明らかにセルフ・ネグレクトだった。庭の荒れ模様を見ただけでもおかしいと感じるはずなのに、ずっと放置されていた。

特殊清掃に入ったとき、あいさつに行った笠原さんに対し、隣人は「お隣さんが亡くなって、安心した」と言ったという。得体の知れない人が住んでいたから、亡くなったとわかって安心したのだと。

笠原さんはその言葉を聞いてひどい言い方だと不快に感じ、抗議をしかけたが、すぐに思い直した。ここで言い争っても仕方がないと思ったからだ。そこに住まう人々にとっては、セルフ・ネグレクト状態の男性はただの厄介者でしかなかっただろうし、実際に隣に住んでいたらなるべく関わりたくないというのも理解できる。そんな隣人が亡くなったと知らされて、思わず本音を口にしてしまったのだろう。悪気があるとは思えない。

しかし、他人への無関心ぶりがこの住宅街で一人の男性の孤独死を生んだのは事実である。そして、今日のあの人の孤独死が明日の私たちだとしたら、今からできることはなんだろうか。

井上研究員は語る。

「人を心配したりするおせっかいは嫌がられるし、自分自身もあまり干渉されすぎるのは嫌だなと思います。でもそういう人が急にいなくなると、どうしたのかな、とは思いますよね。だからおせっかいは、あっていいんだろうなと思うんです。そうやって周りと関わっていくこと自体が、将来的に自分を守ることにもつながるんだろうなと。日本人は、積極的に人に関わることを躊躇してしまいがちです。でも人に対して、もう一歩踏み込んでもいいのではないでしょうか」

井上さん自身も、団塊ジュニア世代。この調査に携わるようになってから、自らもセルフ・ネグレクトや孤独死が決して他人事ではないと感じている。「ヤバいな、気を付けよう」「ちゃんと人とコミュニケーションを取ろう」と思ったんですよと苦笑した。

でも、そんな人間関係をどうやって見つければいいのだろう。どうやって築けばいいのだろう。

「そう。思うのは簡単なんですけど、実際にそういう関係を築くのはとても難しいんです。それは痛いほどよくわかるんです。自分自身もこういう専門的な話はできるけど、それ以外の話をするのは苦手ですからね（笑）。それでも言いたいのは、孤独死は周りの人たちとのコミュニケーションが薄い状態がもたらすということ。地域でも、会社でも、趣味でもいい。人とのコミュニケーションを密にすることが大事なんです。人付き合いの煩わしさは確かにあるんですよ。でも、そこをできるだけ面倒くさがらないことですね」

井上さんは、そう言って自らの戒めも込めながら話を締めくくった。

セルフ・ネグレクト状態から「縁」を取り戻した一人の男性

「妻を失ってから自分のことがどうでもよくなっていたんですよ。僕の場合は、アルコールではなく仕事に逃避したという感じですね。自分の体のことなんか全然考えず、過労死ギリギリまで働いて、これで死ぬかもしれないと思いました。ある意味、これもセルフ・ネグレクトだと言えるかもしれません」

雪渕雄一さん（55歳）は、10年前に最愛の妻・直美さんと死別した後も、同じ神奈川県の分譲マンションに一人で暮らしている。妻との死別は、もっともセルフ・ネグレクトに陥りやすい。雪渕さんには子供がいないこともあって、それが余計に仕事への過度の依存となって表れた。

月曜日の朝に出勤して、火曜日の終電で帰る。そして、再び水曜日の朝に出勤して、木曜日の終電で帰る。ずっと徹夜で仕事に没頭する。それは土日も続いた。まったく眠くならない。

雪渕さんはあるとき、自分はおかしいのではないかと感じた。思った言葉が出てこないし、もう何か月も眠れない夜が続いている。

心臓がバクバクして動悸が止まらず、これはマズい、このままでは死ぬかもしれないと直感的に思った。

しかし、明らかに身の危険が迫っていると感じる段階になるまで、自分が追い詰められているという実感はなかったという。自分で自分の健康を顧みなくなるのはセルフ・ネグレクトの特徴だが、自分でもそのおかしさに気づくことができない。自分で自分の姿が見えなくなる。

近所の心療内科を訪れると、自律神経失調症とパニック障害だと診断された。

「今思うと、妻が亡くなって本当にすべてのことがどうでもいいと思うようになった。アルコールでセルフ・ネグレクトになる人と全く同じだと思います。パニック障害は薬で治ったのですが、今も睡眠障害は続いていて、睡眠導入剤は飲んでいますね」

転機となったのは、自身の胸中を他人に打ち明けたことだった。

あるときから、雪渕さんは絵画鑑賞や収集に没頭するようになった。亡き妻の幻影を追い求めるように、女性の後ろ姿の絵ばかりを追い求めて、様々な美術館やギャラリーを訪れるようになったのである。

都内を中心に大阪、京都など全国のギャラリーに足を運び、オーナーや作家と会話をする。それだけが生活の中の唯一の安らぎだったのだ。

雪渕さんはギャラリーのスタッフや作家と次第に打ち解け、自分の体験を自然に打ち明けるようになった。

直美さんとの別れや、両親のこと(雪渕さんは、直美さんの他界の2年後に実家の両親の同時介護も体験している)——。雪渕さんは、とめどなくしゃべった。絵を目の前にして初めて、雪渕さんは悲しみを吐き出すことができたのだ。

ずっとずっと胸に秘めていた思いは、溢れるように口を衝いて出てくる。

雪渕さんの話を聞いた画廊オーナーの女性は、目に涙を溜めて一緒に泣いてくれた。

「誰かに自分の体験を打ち明けること。これが自分の中では、最大のグリーフケアになったと思いますね」

グリーフケアとは、身近な人との死別を経験し、悲嘆に暮れる人をそばで支援し、悲しみから立ち直れるようにすること。アメリカやヨーロッパでは、遺族が医師やグリーフアドバイザーのもとに定期的に通い、助言を受けることが一般化している。しかし、日本ではまだこのような取組みは公的にはなされていない。

雪渕さんにとっては、まさにこの体験こそがグリーフケアになったと言う。遠いところに住む親族よりも、自分が共鳴し、そしてリスペクトする相手。そんな相手に自分の悲しみを打ち明けられたことが、何よりも立ち直るうえで大きかったのだという。

それからしばらくして、雪渕さんは行政書士の資格を取得した。妻との死別や両親の介護体験を活かし、行政書士として主に終活、つまり身じまいのサポート業務に携わることを決意したのだ。

開業のためにマンションの理事長に挨拶に行くと、住民が高齢化しており、理事のなり手がいなくて困っているという話になった。雪渕さんは乞われるがまま、すぐに理事になることを快諾した。その後、理事長に就任することになる。漏水などマンションの相隣トラブルに介入したりする中で、住民の顔を少しずつ覚えていった。

それから不思議なことに、雪渕さんが収集した絵を見たいと、町内会や仕事で知り合った人たちが家を訪ねてくることが多くなった。雪渕さんの家は仕事場でもあり、打ち合わせなどで毎日誰かしらと話をする。

男おひとりさまとしての不安はつきものだが、今はとても幸せだという。

「もし自分に何かあったらどうするんだろうという不安はありますよね。一人暮らしならよくあることで、風邪をひいて寝込んでしまって、誰も面倒見てくれなかったらどうしようと。若ければいい、寝てれば治るから。でももう若くないですし、このまま死んでしまったらどうしようという感覚になることはありますよね。マンションの中にも、自分と同じ一人暮らしの方がいるんです。理事会でそういった方を見守るために、2日に1回でもピンポンする働きかけをしたいと考えています」

雪渕さんは病気を経て、積極的に地域と関わるようになっていった。もし妻が健在で今も会社員を続けていたら、地域との関係なんて考えもしなかったと話す。

人との関係を自ら作っていくこと。それが、妻との死別や自らの病という経験の中で、雪渕さんが望んだ「めんどくさい」生き方だった。

マンションの理事長を務めたことで、住んでいる地区の町内会とのパイプもできた。そのうちに地元町内会の副支部長という役職も回ってくるようになった。さらに今、区の民生委員になってほしいという話も来ている。民生委員自体が高齢化していて、同じ人間が何期も務めることになるなど、担い手が少なくなってきているのだ。

それにしても、これだけの役割を一人で引き受けて、さすがに煩わしさはないのだろうか。

「その面倒くさい役割を自分で作っているんです。これだけ色んな役をやっていると、どうしても色々な人と関わらなきゃいけない。そういうふうに人と関わることを作っておかないと、自分の性格柄、人とコミュニケーションを取るということをしなくなると思うんです。だからそういう仕組みを強制的に自分で作ってるんですよ」

雪渕さん自身、人と行動するのが特段好きというわけではない。人がいっぱいいるところは苦手だし、そもそも群れることも苦手。一人でいる時間がないと嫌だし、自分の時間は趣味に没頭したいタイプ。大人数の集まりは元来苦手なのだ。寂しがり屋な面もあるが、一人でいる時間をこよなく愛するというメンドクサイ性格なのだと、自嘲気味に笑いながら説明してくれた。それでも雪渕さんが、地域の活動に関わろうとしている理由はなんなのだろうか。

雪渕さんは、ハッキリとした口調でこう答えてくれた。

「そんな自分がこんなことを率先してやっている一番の理由は、この町の住人になりたいという思いからなんです。僕は、この町の住人の一人として生きて、死んでいきたいと思っているんです。異邦人じゃなくて、ここに住んでいた雪渕さんがいたと、近所の皆さんに覚えていてほしい」

雪渕さんは、ふっと穏やかな目をリビングの網戸に投げかけた。そして、そのまま、「今、セミファイナルの時期じゃないですか」と思い出したかのようにつぶやいた。セミが最後のときを迎えるという意味らしい。

「ベランダにセミがやってきて、ちょっと触るとジージーと鳴き出す。ひとしきり鳴いて飛んでいくから、あっ、死んでなかったんだなと思うんです。この前、またセミが止まったんですね。そして、また飛んでいくんだろうなと思ってたんです。そしたら、ジッジジッジッと鳴いて、そのまま死んでしまったんです。そのとき思ったんです。人間だけですね、つながりを求めてるのって。孤独死どうのこうのと大騒ぎするのは。昆虫とか、動物では当たり前のことです。みんな一人で生まれて、一人で死んでいくんですから」

雪渕さんは、人が人間的な営みによって生かされていることを知っている。

雪渕さんの優しい目が私をとらえた。友人によく中性的と言われるという雪渕さんには女性の友達も多い。奥さんが亡くなってからは、雪渕、ごはんちゃんと食べてるの？なんて心配してくれる女友達もいる。今、雪渕さんはその世界を大切にしている。

「僕、この部屋が好きなんですよ。ここは家内と最後に過ごした場所なんです。僕が親の介護で奈良に帰ったときにこの部屋を残した理由は、戻る場所がないと自分がつぶれちゃうからなんです。自分が安らげる場所だし、家内がいた場所でもある。ここに帰ってきたかったんですね。自分の最後の理想は、この景色を見ながら死ぬことなんです。これから訪問看護って増えてくると思うんですね。僕も友達とか後見人さんに、この部屋にちょくちょく来てもらう。それが理想ですね」

おひとりさまだからといって、孤独死防止のために自らの身を守るというわけではない。ただ、自分が愛したこの風景とともに、友人たちや地域の人に愛されて、穏やかに最期のときを迎えることが理想である。

雪渕さんは、これからの人生で直美さん以上の女性と巡り合うことはないだろうと考えている。しかし、このマンションでお互いの性を意識しない、女性との暮らしもいいなと感じているという。

妻との死別や離婚がきっかけでセルフ・ネグレクトに陥り、孤独死という結末を迎える男性を私は数多く見てきた。雪渕さんと彼らの違いはなんだろうか。実はそれは、とても小さなものではないだろうか。

実際に雪渕さんも、直美さんの死という人生の転機によって、セルフ・ネグレクトになっていた時期があった。しかし、そこで雪渕さんが踏みとどまったのはなぜか。

自分は一人では決して万能でないこと。自分の弱さと向き合うこと。人間は一人では生きていけないということ。そして、人と人のつながりの大切さ。これらを自らが認識できたからだと思う。幸運にも、雪渕さんは趣味の絵画を通じて、自らの悲しみに寄り添い、グリーフケアをしてくれる人たちに恵まれた。

「やはり、死別の悲しみを癒すには、誰かにその体験を話すのが一番。それが私にとってはアート関係者だったんです」

と雪渕さんは語った。かつては地域や会社がその役割を担ってきたが、共同体が空洞化した現在、「悲しみを引き受ける」場所や人はもうほとんどないと言っていい。豊かな人間関係を持つ人に限られる、贅沢な希少品のようなものになっている。

しかし、例えば配偶者の死別が孤立の大きな要因となっている日本において、もっともっと、新たなグリーフケアをシステムとして確立すべきではないだろうか。それがひいてはセルフ・ネグレクトや孤独死を予防することにつながるはずだ。自分の親しい人が亡くなったときに支えてくれるのは、雪渕さんのように、もしかしたら親族ではないかもしれない。

また、サラリーマンは近隣関係が薄く、地域からも孤立する傾向にあるということが、平成19年度版の国民生活白書では明らかになっている。特に長時間労働をしている人ほど、それは顕著らしい。

まさしく会社人間であった雪渕さんはその傾向にピッタリ当てはまる。雪渕さんは、そんなサラリーマン生活で失った「縁」を、再び自らの手で取り戻そうとしている。それがたまたま地域であったというだけだとも言える。きっと、「縁」はなんでもいい。そして、それを切り開くのはいつでも遅くない。きっと誰にとってもいつからでも取り戻せるものだ。

「異邦人としてではなく、この町の住民として生きること」を選んだ雪渕さん。その生き方は、「男おひとりさま」の理想的なモデルになるのではないだろうか。

第四章　支え合いマップで孤独死予備軍を防げ！

衰退の一途をたどる町内会や自治会

「高橋さんのところは、お茶飲みに誰がきてる？」

コーディネーター役の木原孝久さんが問いかけると、高橋さん（この章の住民はすべて仮名）と呼ばれた自治会長の女性がすぐに口を開いた。

「うち？　毎日、誰か彼かは来るよ。１００５の渡辺さんも来るし、１０６の小林さんも来るし、２０１の源田さんも来るし、逆に山口さんのとこも私がお茶しに行ったりするよ」

そう言うと、それを聞いた社会福祉協議会（社協）の職員が、マンション全体を簡略化した「マップ」に記載されている、６階に住む高橋さんの部屋から、複数の部屋に向かってカラーペンで線を引いていく。これは、誰と誰がお茶飲み友達であるかを表す線だ。

「あと、お茶する人が集まっているのは、前の団地の会長だった木村さんかな。90歳くらいのおばあちゃんなんだけど、この人の家にはかなり色んな人がお茶を飲みに行っているよ。503の上田さん、312の磯崎さん、717の板野さん、あと、脇田さんと金丸さん。木村さんはうちの隣だから、誰が来たかってついつい目が行って見ちゃうから、わかりやすいのよね」

するると、木原さんがそれに対して、「この人は来る人を誰も拒まないわけだな」と言う。

もう一人の女性が口を開く。副会長の清水さんだ。

「そうそう。木村さんは、本当に誰でも受け入れる人なの。だから色んな人がこの人の家にお茶しに来るの」

高橋さんは、「あの人は来る人拒まず、行く人追わずだからね」と同意する。

「それは、いいね」

木村さんと呼ばれる人の部屋からも、カラーペンで部屋と部屋をつなぐお茶飲み仲間の線が複数引かれていく。高橋さんはそれを見つめながら、ちょっと考えたかのように、やや間をあけて木原さんにこう投げかけた。

「……でもね、人と関わりたくないって人もいるからね。ドアを閉じて開けない人もいるんですよ。そういう人は助けたくても助けられないよね」

木原さんはすぐにその高橋さんの言葉に飛びつく。

「今、この団地にそういう人いる？」

高橋さんは即答する。

「山崎由美子と岡本幸子さん。自治会費も払ってないし、みんなとうまくやっていけないの。私たちが訪ねていっても、絶対にドア開けないしね。でも、なぜかこの2人は仲がいいの」

木原さんは、「閉じこもりの人同士がつながっているということ？　それも手だな」と返す。

高橋さんは「そうなのね。これはこれで2人がつながっているんだったら、いいということか。2人がつながっていれば安否は絶対に確認されているからね」と安心したように答えた。

「その他に、家同士で訪問しているところはある？」

「801の福田さんが205の竹内さんの面倒を見ているよね。竹内さんは一人暮らしで初期の認知症を患ってらして、ふらふらと一人でどっか行っちゃうの。娘さんが毎日来てるみたいだけど、家は別だから夜は帰っちゃうからね。だから福田さんが徘徊してる竹内さんを迎えに行ったりしてるよ」

「あと、12階の藤本さんの家はゴミ屋敷なんですよ。あたしは清水さんと片付けに行ったことがある。帰ってきたら、もう痒くて痒くて」

「家賃の督促状が来ていたりしてたし、生活は苦しそうなんですよね。でも、ゴミ屋敷って言えば結構あるよ。うちの隣もそうなんです。私が引っ越してきたとき、玄関の横の共同スペースに洋服ダンスが2つ置いてあったんですよ。消防署の人に来てもらってどかすように説得してもらったけど、まだ片付いていない」

「あと、506の子供がいるおうちもゴミ屋敷」

「おそらくこういう状態の人が他にもいるはずだよね……」

木原さんの問いかけに対し、住民たちは、「そう、うちの団地には全部で3軒、ゴミ屋敷があるんです」と、困ったように目の前に広がるマップに視線を落とした。


以上のようなコーディネーターと住民たちのやりとりは、民間の研究機関である住民流福祉総合研究所の木原孝久さんが生み出した、「支え合いマップづくり」のワンシーンである。

木原さんは数十年にわたって、「福祉のまちづくり」のあり方を追い求めてきた。その中で木原さんが取り組んできたのが、まちづくりの主役である住民たち、つまりご近所による福祉だった。木原さんはご近所による支え合いをテーマにした講演やセミナーなどを行う傍ら、日本全国に赴き、住民とともにこの支え合いマップづくりを長年行っている。

地域コミュニティと聞くと、まず町内会や自治会が思い浮かぶが、これらは現在衰退の一途をたどっている。

その現状を表すかのように、平成22年版の情報通信白書を見ると、町内会・自治会活動への参加頻度は、1968年から2007年までの間に大幅に低下している。情報通信白書は数々のデータを示しながら、「これらのデータをみると、近隣住民同士の交流は不活発で、地域における町内会・自治会等の中間組織があまり機能していないといえよう」という一文で締めくくっている。

地方は人口の減少によって地域コミュニティが崩壊の危機に陥っているが、都市部では一人暮らしの高齢者が年々増加しており、高齢者が住み慣れた地域で安心して暮らし続けるには、地域ぐるみで高齢者を見守る活動が急務となっている。

そんな中、木原さんのようなプロフェッショナルの力を借りて、ご近所による福祉を取り戻そうという動きが広がりつつある。

この章は、木原さんらの取組みをプロセスの細部も含めて知ってもらうため、私が参加した支え合いマップづくりを中心にレポート風にまとめてみた。

マップづくりで見えない人間関係の線を結ぶ

2016年11月5日の土曜日の午後、私は東京都江東区にある団地の集会室に来ていた。小さな公園に隣接する集会室に集まったのは、青いジャンパー姿の職員が4名と、この団地の住人たちだ。

江東区社協の職員によって、大きなテーブルに模造紙が1枚、大きく広げられた。その横には、色とりどりのマジックペン、複数の色違いのカラフルなシールが準備されていく。巨大な模造紙を囲むようにして、パイプ椅子が6席置かれている。ここには住民が座るらしい。

模造紙に書かれているのは、団地1棟の見取り図。一つひとつの部屋に該当するマス目には、住民の名前、世帯人数、要介護者の有無が書かれている。外階段とエレベーターを挟んで、1階から15階まで、約200世帯がこの都営アパートに住んでいるのだ。世帯人数のところに目を落とすと、一人暮らし世帯が多いことがわかる。今日集まった住民も半数が一人暮らしの高齢者だ。

木原さんは社協の職員には先生と呼ばれているが、全然堅苦しいところがなく、とてもフランクで物腰が柔らかい。

この団地の自治会長は、62歳の女性の高橋さんだ。そして、副会長も女性で67歳の清水さん。さらに、会計監査の女性と、各階の幹事（いわば班長）、防災士の資格を持つ住民の男性の2人。加えて、この地区を受け持つ民生委員の女性も同席するという。

木原さんは敬語をほとんど使わずに、すぐに目の前の住民たちと打ち解けていく。話しぶりから、高橋さんも清水さんも、明るくて面倒見のいい性格の女性だということが伝わってきて、少し安心した。

この日はそれ以外にも、江東区の職員などのスーツ姿の行政関係者が視察目的で複数名この集会所に来た。集まった住民の数よりも、私を含めたいわば取り巻きのほうが多い。いかにこのマップづくりに行政機関が関心を持っているかということがわかる。

江東区の社協の土屋さんという若い女性職員の挨拶が始まった。社協とは、都道府県や市町村に設置され、民間の社会福祉活動を推進することを目的とした非営利の民間団体である。

「本日はお忙しい中都営○○アパートさんの個別セミナーにお集まりいただき、ありがとうございます。本日これからやろうとしているのは、支え合いマップづくりですね」

支え合いマップづくりとは、住民の触れ合いや助け合いの実態を地元の人に聞き取り、住宅地図に記載していくというものだ。住民の誰と誰とがどう触れ合っているかは、普段は表面で見ることはできない。支え合いマップづくりでは、AさんはBさんが見守っている、Cさんの困りごとにはDさんが関わっている、ということを地図に線を引いたりシールを張り付けたりして表す。誰と誰がつながっているかを情報として1枚の紙に集約することで、逆に線の少ない人、つまり、「気になる人」が可視化されるというわけだ。

そうすることで、セルフ・ネグレクトなどを含む援護が必要な人に対して、周囲がどのように関わっているかも分かる。そして、そこに埋もれている人、つまり線がどこからも来ていない人の存在も明らかになる。

閉じこもりがちな人には、本人が見込んでいる（信頼している）人を探すというのがポイントだ。「気になる人」を誰も見守っていない場合、せめてその人と話をしたりしている、接点のある人を探す。その中から見えてきた課題を明らかにして、住民たちの手によって隙間のない見守り体制を作ろうというわけだ。

土屋さんは慣れた口調でこう続けた。

「本日の簡単な流れをご説明させていただきます。本日ご用意した、都営〇〇アパートの地図に、今後見守りに生かしていけるような情報をどんどん落とし込んでいきます」

土屋さんは、区役所などで公的に把握している情報だけではなく、具体的な生活における情報をどんどん出してほしい。そして、それを今後の近所の見守り活動に生かしてほしいと言葉を継いだ。

それから、住民へのお願いとして、今日出た情報はここだけの話にして、外で噂話などはしないで下さいと注意事項を伝えた。

マップづくりにおいてしばしばぶつかるのがプライバシーの問題だ。マップづくりの目的は、住民たちが集まってご近所内の福祉問題について話し合い、対策を考えることでもある。そのためには、誰が気になる人で、その人に誰がどう関わっているかを明確にしなければならない。

いわば、ご近所の井戸端会議で出てくる問題を、住民同士でのケアにつなげるという営みでもある。そのため、出来上がったマップはあくまでご近所内で助け合いを進めるために使い、ご近所外には出さないようにしようというのが、木原さんが考えたマップづくりのルールだ。

まずは、木原さんが住民たちにこう語りかける。

「孤独死を防ぐというのはそう簡単にはいかないよ。毎年孤独死の発生件数は減ってないんです。でも、住民同士が助け合える地区になれば、災害に対しても孤独死に対しても強い。最終的には、みんなに普段から助け合いの気分が起きるような地区にするためにはどうしたらいいのか、そこが根本的な問題だと思うんです。マップを作ったから大丈夫ではなくて、人の命を守るんだという心意気がないと、孤独死ってなかなか防げないんだね」

日ごろから住民同士の助け合いがあれば、災害時も効率よく行動できるし、孤独死も防げるはず。それが木原さんの考え方だ。住民は、そんな木原さんの熱のこもった言葉に真摯に耳を傾けていた。

要援護者を一人も見逃さないために

2011年の東日本大震災では、多くの高齢者が津波から逃げ遅れ、犠牲になった。高齢者や障がい者、乳幼児など、要援護者と呼ばれる自力で避難できない人は、真っ先に災害の犠牲になりやすい。

この団地のある江東区は、そのほぼすべてが埋立地に立っていて地盤が弱く、首都直下型地震が来たら2メートルを超える津波が到来すると予想されている。

そのため、この団地では津波などの災害に備えて、有志を募ってボランティアで災害協力隊を結成しているという。災害協力隊の隊員の役割は、災害が起こったときに要援護者の部屋に声をかけ避難させること。

だが、それが果たして災害時に本当に機能するのだろうか。それを調べるために、木原さんは災害協力隊員の部屋を探すことにした。

「まず、災害協力隊にシールを付けましょうか。津波が来たらこの団地はどこまで沈みます?」

職員が住民たちに聞き取りながら、災害協力隊の家にシールを1枚ずつ貼っていく。

「津波が来たら3階あたりはもう無理だと消防関係の方には言われていますね。なので、3階までに住んでいる方は、6階以上に行くようにしてくださいとお願いするようにしてるんです。でも、3階の関根さんって方なんかは、老人3人で住んでいるんです。うちはもう津波が来ても誰も動かないって。もう無理だって。足が悪いので、上には上がれない。ほっといてくれと言ってますね」と高橋さんは、やや困ったように答える。

住民たちは、そう言われてしまうと私たちにはどうしようもないという諦めの表情を浮かべている。上の階に上がれない老人たちを自治会はどうすればいいのか、考えあぐねている様子だ。

しかし、当事者の現状をこのまま肯定してしまったら、要援護者を見殺しにするということになる。

そういった存在を一人も見逃さず、住民や行政が協力して、問題を解決する術を探す。住民が納得できる解決策、取り組めそうな解決策を考え出すのだが、それは孤独死でも災害時でも同じである。

「つまり、災害があったときに、階段を上がれない人がいるということか。例えば、3階まで自力で上がれない人はどのくらいいるんだろうな。一応、3階まで要援護者に印をつけてみようか」

災害時、団地のエレベーターは使えなくなる。使われるのは非常階段だ。職員たちは住民から一人ひとりの状況を聞き取り、3階まで自力で上がれない人をピックアップして、赤いシールを付けていく。各階2、3人が自力では上の階に上がれないということが明らかになった。

そして、別の問題点も飛び出した。要援護者を運ぶにしても、区役所から支給された本格的なタンカは、スチール製の軸となる棒が両脇に入っているため、折り曲げられない。そのため、人を乗せて階段の踊り場を回転させることができないという。それでは、せっかく支給されたタンカは災害時に役に立たない。

「おんぶ紐で背負って運ぶのは、どっかの社宅がやってたよ」

「防災訓練のときに、パイプ椅子に乗せて両脇を抱えて上に運ぶ方法を消防隊の人に教えてもらったよね」

木原さんはかつてNHKで取り上げられた、肩にストラップをかけて運ぶことのできる、軸のない布製のタンカもあるというアドバイスをした。

「とにかく要介護者を上に上げる方法の研究をしよう。こういうことをやるとお互い真剣になるでしょ？　災害の対策だと、本人も命がかかってるから。こういうことからお互いの助け合いに結びついていくと良いね」

実際に要援護者を上階に上げる訓練をしてみてはどうだろうか？と木原さんは住民たちに提案した。高橋さんによると、災害訓練はしていたが、それは希望者のみで行っていたもので、要介護者を階段で上げる訓練はしてこなかったという。

これには住民たちも乗り気のようで、やってみようかなという声が上がった。

孤独死や福祉と言うと住民にあまり関心を持ってもらえないが、自然災害に関しては「私も助けて」と思ってもらえることが多い。災害対策の取組みを団地ぐるみで行うことで、助けてもらう側にも常日ごろから助け合いの意識を高めさせ、孤立しがちな人も巻き込んでいこうという作戦だ。

「訓練をしてみると、あ、これは、奥さん一人じゃ無理だ、子供一人じゃ運べない。じゃあどうする？という問題が出てくる。誰と誰にお願いするか？運んでもらうのはなるべく本人と懇意にしている人とか、関係がある人がいいね。協力者の人選も大事。喧嘩してる人が持ったら、どっかで落っことされちゃうかもしれないからね」

「わははははは」

笑いを挟みながらも、あくまで当事者を主体に考えるのが木原さんの基本姿勢である。高齢者の見守りを例に挙げると、民生委員のAさんはBさんのことが気になるが、地域の中でBさんが信頼しているのはCさんたった一人だけという場合がある。それなら、BさんをCさんに見守ってもらい、その様子をCさんがAさんに教えることで、見守りは成立する。

確かに、自分にとって嫌な人に訪問されたり見守られたりするのは、苦痛以外の何ものでもないだろう。今の地方自治体や自治会が推進しようとしている「見守り隊」といった発想は、「見守られる側」がどう考えているかという視点に欠け、当事者主導の原則から外れているため、本末顚倒なのだという。

「私を見守る人は、私が見込んだ（信頼している）人」というのが、支え合いマップの基礎となる考え方だ。

「災害時でもあの人とあの人に運んでほしいって、おばあちゃんたちは言うからね。そういう人選も大事だよ。相性も考えた人選ね」

「それは、ほんとあるのよ。歳とってくると余計にね」

高橋さんが言うと、他の住民たちも口々に同意した。

社協も行政も知らなかったゴミ屋敷の存在

この団地では1か月に1回、それぞれの階の幹事が自治会費を徴収するようにしている。通常は半年や1年に1回の集金のところを、お互いが顔を合わせる機会をあえて1か月に1回作ることで安否確認を兼ねているのだ。団地ぐるみで孤独死を防止するためでもある。

高橋さんが自治会長になって2期目だが、この月1回の自治会費徴収を行うようになってから、この団地で孤独死はまだ起こっていない。しかしそれまでは、警察が孤独死した住人を運び出す現場を目撃した住民もいる。安否確認を兼ねて自治会費を毎月集めるアイディアは、団地での孤独死の発生を何よりも危惧している高橋さんの代になってから実現したのだという。

それぐらい孤独死は団地の住民にとって、身近でかつ切実な問題なのだ。

住民は、孤独死予備軍であるセルフ・ネグレクトなどの情報に関しては行政よりも詳しい。彼らはいわばご近所の「気になる人」だからだ。

冒頭に取り上げたお茶飲み友達のマップづくりの様子は、まさにこの線＝人間関係からあぶれた人や、地域の「気になる人」を探す作業の第一歩でもある。木原さんは目に見えにくい住民たちのつながりを、線を結ぶことによって可視化し、誰とも線が結ばれない「気になる人」を見つけていく。そこで浮き彫りになったのが、前述した3軒のゴミ屋敷だ。

「一番気になるのは、12階の藤本さん。お母さんと息子さんが同居しているんですが、すごいゴミ屋敷なんですよ。お母さんが白内障で、目が悪くなってるんです。ただ私たちが入っても嫌がったりはしないから、私も藤本さんの家に行って、何度か片付けたんですよ。民生委員の後藤さんも来ていただいて、一緒に片付けたんですよね」
「この家族は、他人が家に入ることを拒否しないいんだね。そこは救いだね」
第三章でも書いたが、セルフ・ネグレクトは他人との関わりを拒否したり閉じこもる事例が多く、他人の介入そのものが難しいケースも多い。しかし、この家はまだ他人との接触を拒んではいない。そこにかろうじて、住民との接点という可能性を見出すことができる。

高橋さんと清水さんは、何度もこの藤本さんの家に掃除に行っているのだが、2回目に掃除に行ったときに、ハンコがなくなったと息子さんになじられたという。家の中を探しに行ったら、ハンコはゴミの下から出てきたのだが、善意の気持ちから掃除をしても、貴重品がなくなったと騒がれてはたまらない。それ以降、住民たちは藤本さんと関わること自体を躊躇しているとのことだ。

「藤本さんちのお母さん、お医者さんにも行っていないんですって。だから目の病気がどんどん進行しているらしいんです。食事なんて息子さんは、お母さんには1日1回、弁当1個しか食べさせないんですよ。その1個の弁当を1日3回に分けて食べてるらしいんです」

行政の目に触れず、地域からも孤立しつつある「気になる人」が、このマップづくりによって初めて浮かび上がってきた瞬間だった。

「これ、なんとかできない？　社協で何とかできない？」

木原さんはそう言って土屋さんのほうを見上げた。

土屋さんは「初めて聞いたので……」と戸惑った表情だ。

今まで知らなかった要援護者の情報に、江東区の役所や福祉関係者も困惑気味だ。

ゴミ屋敷に住む高齢の母と息子。息子は働いているとのことだが、母親を病院に連れて行かず、1日1食のみという状態は、明らかに行政が介入すべきレベルである。高齢者の虐待だとも言えるが、家そのものがゴミ屋敷だということは、一家でセルフ・ネグレクトに陥っている可能性もある。

セルフ・ネグレクトの高齢者の死亡率は、通常の高齢者に比べてグンと高いことがわかっている。低栄養、不衛生なゴミ屋敷での生活が健康を蝕んでいくのは想像に難くない。

これが一人暮らしの高齢女性なら、行政は介護保険などによる福祉サービスで、介護、福祉施設への入所の提案など、手を差し伸ばすことができる。しかし、同居する家族がいることが逆に仇となり、その手をすり抜けてしまう。それだけでなく、いくら支援を提案しても、自分たちでなんとかすると言われれば、それ以上無理に介入するのは至難の業だ。しかしその結果、一家全員が地域から孤立し、最終的には食べ物が尽き、家族全員が餓死という悲惨な結末を辿るケースも少なくない。

「藤本さんのおうちはほんと大変。玄関に入るなり足の踏み場がないんですよ。息子さんの灰皿が床にいっぱい落ちているの。お弁当の残飯の入ったプラスチックケースが何個も洗わずにそのまま床に放置してあって。びっくりしましたよ」

「でも、何回片付けても、またゴミ屋敷に戻っちゃうの」

「それだけゴミが多いと、火事にならない？　この前、ゴミ屋敷が火事になったよね。そうなる前に作戦を立てないとね。例えば、この中で藤本さんと接点のある人はいない？」

ゴミ屋敷はそこに住む本人の命を脅かす問題だけにとどまらない。火災につながるケースもあるので、近隣に住む住民にとっては命に関わる危険と隣り合わせということなのだ。

清水さんが声を上げる。

「私と坂本さんは、藤本さんのお母さんにおすそ分けしたことあるよ。藤本さんちはいつでもドアは開いてるからね」

「それはいいね。おすそ分けをして安否確認をしながら、少しずつゴミ屋敷をきれいにしてあげるという作戦を考えないといけないね」

そのためにはどうすればいいのか。木原さんによると、自治会の役員の3、4人で、200近い世帯すべての問題をカバーするのは土台無理な話である。かろうじて清水さんはこのゴミ屋敷の住人とおすそ分けなどをする間柄だが、その他にもきっと藤本さんが「見込んだ人」がいるはずだ。そういった人を探し出して、彼らの活動をバックアップすることが、住民たちが取り組むべき課題だとわかってきた。

そこで木原さんは住民たちに、誰と誰が関係していて、誰がその中でリーダー的な役割を担っているか、その関係図をこのマップに書き込んで、各階にいるいわゆる「世話焼きさん」を発掘してみてはどうかと言った。世話焼きさんとは、困った人を見て見ぬ振りができないような人であったり、頼まれたら何かを引き受けるのが苦ではないというような人のことらしい。

「うーん、それがなかなかいないのよね。こういうことにそもそも無関心な人も多いし……」

高橋さんが一瞬、渋い顔をするが、木原さんはそこから話を進めていく。

「それでも、人から頼まれたら少しは動いてもいいって人はいるわけよね。それぞれの階ごとに、そういう人を探して見つけ出してこのマップに書いていったらどうだろう？」

それなら何人かいるよと、住民たちから声が上がる。きれい好きで、いつも共用階段の掃除をしていて話好きな野口さん。老人ホームでメイクのサービスをボランティアでしている伊藤さん。文章を書くのが好きで、人の面倒見がいい浦野さん……。こうして住民たちによって、「世話焼きさん」候補者が続々と上がってきた。

模造紙に引かれる人と人の支え合いの線

木原さんはさらに、他にご近所同士でおすそ分けしている人はいない？　と住民たちに問いかける。

すると、高橋さんからこんな言葉が飛び出した。

「私は2階の海老原さんに毎日おすそわけしているよ。奥さんの体が悪くて料理が作れないの。私は昼行ってるし、7階の西さんは、夜行ってるみたい。息子さんたちが来ていて、冷凍食品は置いていくみたいなんだけど、温かいお料理とは違うかなと思って、毎日何かしら持っていくの。お返しにお野菜なんかもらったりする。6階の高島さんは、402の渡辺さんのところにおすそ分けしているよ。旦那さんは入院しているし、奥さんは腰が悪くて要介護なんですよ。買い物にも行けないし、腰が曲がってるので料理している最中に火傷したんだって。温かいものが食べられないから、毎日行ってるみたい」

木原さんは感心したように、それは福祉の食事サービスに当たるよねと言った。おすそ分けというと、現代では形骸化した田舎の文化のように語られるが、東京の都心にもそのような人間関係は息づいているのだ。

「他に、誰と誰がお茶してるか知らない？」

「うちの自治会では、週1回お茶飲みサロンがあるんですよ。住民たちで開催しているの。週1回老人が集まる場所になってる。そこに来る人もいるよ」

「桜クラブ」

「そこに来ている人はどなた？」

「ええっと、11階の森田さん、312の酒井さん、14階の千葉さん、佐野さん、606の和田さん、517の中川さん。315の川上さん、102の西川さんだね」

職員が「桜クラブ」と枠外に書き込んで、そこに線を結んでいく。お茶飲みサロンでは、無料のお化粧教室やマッサージが行われることもあって、住民には好評らしい。高橋さんによると無料の体操教室も行われていて、そこに通っている人についても、別の色のマジックによって線が次々と結ばれていく。

「例えば、こういう集まりに、ちょっと具合が悪いけれど、誰かが付き添って来てる人います？」

「柳田さんのおばさんは、杖をついて来てる。激しい運動はできないけど、座ってやれる体操をしてるよ」

「杖ついてでも来てるのか。えらいね」

「ここに来て、笑うだけで楽しいんだって」

「そうだね、そういうふうに考えればいいんだよね」

「ここに来てみんなと一緒に笑うと元気になるから。ここ面白いからって来るみたいよ」

「要援護者もこういう輪の中に入れるといいよね」

木原さんによると、老人クラブやお茶飲みサロンなどでは、介助が必要な要支援者や認知症の人は歓迎されず、組織から排除される傾向にあるという。誰もが元気で病気のない老人クラブ……。そういう集まりでは、健康弱者に対する排除の論理が働くことが多い。それを危惧している木原さんから、この質問が投げかけられたというわけだ。

しかし、この団地では要援護者だからといって排除するわけではないということがわかり、ホッと胸をなでおろした様子だった。

「高橋さんは、こういう活動を始めてどのくらいになるの？　困った人のことを助ける活動のことだよ」

高橋さんは、本格的にやり始めたのは3年くらいかなと答える。

「3年やってきて、頼りになる仲間はできた？　やっぱり探してるんでしょ？　こういうときに、あなた行ってよとか頼める人。1人か2人だったら、おすそ分けでも面倒見れるけど、実際大変だよね。高橋さんがやってることは、福祉部みたいなものですよね。

要するに、もう少し高橋さんをサポートする人が必要なんだよ」

高橋さんはそれを受けて、「そうだね。そういう意味では、私、結構人に頼んじゃうんですよ」と言う。

「色んな人にお願い事を頼むよ、高島さんにも頼むし、奥山さんや野口さん、大平さん、宮下さんにも頼んだり、山下さんにも頼んじゃう。あと初田さんに頼んで、袖山さんにもボランティアとか災害協力隊になってもらったの」

「それはいいことだね。そうやって人の輪を広げてるわけだ。仲間をどんどん増やしていくといいよね」

今日のマップづくりによって、おすそ分けの線、お茶飲み友達の線、デイサービスの線、災害協力隊の線、体操教室の線など、高橋さんが人のお世話や団地内の役職を頼んだ相手の線がつながった。そして模造紙に、無数のカラフルな線が引かれていく。目に見えない団地内の「絆」の線だ。

どこにも線の伸びていない部屋が、限られてきつつある。さらにマップづくりによって、ゴミ屋敷などの「気になる人」、つまりなんらかの支援が必要な人の存在も明らかになった。

地域の支え合いには限界がある

今回のマップづくりで問題になったのは、やはりその世帯数の多さだ。それをカバーする一番の課題は、「気になる人」が見込んだ人を見つけること。自治会長の高橋さんが、各階の仲間たちに災害協力隊という役割を頼んでいるのも、その助け合いの一歩でもある。

高橋さんと接するうちに、高橋さんに何かを頼まれても、嫌な気がしないだろうということがわかった。高橋さんのためなら、何かをしてあげたい。そう思わせる魅力というかオーラが高橋さんにはあるのだ。それはきっと天性の才能みたいなものだ。そんな人物を木原さんは「大型世話焼きさん」と呼ぶ。

高橋さんのやり方は正しいと木原さんは言った。それを補強するためにも、高橋さんが頼んでいる人は誰を見守っているか、その先に枝分かれしている人たちによる支え合いマップを新たに作ってみてはどうかと木原さんは提案した。そうすることで、高橋さんに見えない情報がさらに出てくる可能性があるからだ。

こうして、この日の支え合いマップづくりは終了した。自治会長の高橋さんは、マップづくりを振り返ってこう語る。

「もう何十年もこの団地に住んでいるので、結構住民のことをよく知ってると思ってたけど、今日マップを作ってみて、知らないことがいくつもあったの。見たこともない住民もいるんだなと思いましたし、課題も見つかりました。役員の目が届かない人のところは、階の幹事に見守りをしっかりしてもらわないといけないのかなと思いましたね」

そのためには、自分が階の幹事にもっと明確にこうしてほしいと伝える必要がある。それを実感したのだという。

地域の共同体が崩壊し、コミュニケーションが希薄化していると言われて久しい。

「隣近所との望ましい付き合い方」について平成19年度版の国民生活白書では、「なにかにつけ相談したり、助け合えるようなつきあい」と答えた人の割合は、73年の34・5％から、2003年には19・6％に大幅に低下している。その一方で「会ったときに、挨拶する程度のつきあい」を望む人の割合は約10％もアップしていて、隣近所との深い関係を望む人は年々少なくなってきている。

しかしその半面、「地域の望ましい付き合い方」はというと、「住民全ての間で困ったときに互いに助け合う」と回答した人は36・7％、「気の合う住民の間で困ったときに助け合う」25・8％と合計で6割を超えている。そう、普段から深い付き合いは望まないが、いざというとき、困ったときには近隣住民と助け合いたい、それが多くの人が望む近隣住民の関係のあり方だというわけだ。

だが実際に「隣近所のつきあいから生まれるつながり」について聞くと、「生活面で協力し合う人」が一人もいないと回答する割合が約7割を占め、隣近所で助け合い、協力し合う人がいない割合が年々多くなっている。

そんな時代の流れの中、この自治会では、高橋さんを中心に地域のコミュニティがゆるやかに結びついていることに感心させられた。多少人間関係が煩わしくてもいい。私もこういう人がいる地域に住みたいと思わせる温かさがあった。

高橋さんによると、個人情報の流出やプライバシーの壁に阻まれて、電話番号を掲載した名簿を作ることも現在ではままならないという。そのため、安否確認の仕組み作りが上手くいかないこともある。しかし、それでも困った人がいたら、いつでも自分の家をトントンと訪ねてきてくれたらいいと考えている。

「『高橋さんは、困った人のために食事を作ったり、福祉をやってるんですよ』と木原さんに言われたんですが、会長の職にあるからやってるというわけではないんですね。清水さんが困っていたら行くだろうし、他にも困っている人がいたら助けると思う。会長だから困った人のところに行ってるわけではないからね。うちも逆に助けてもらったりするので、困っているのであればお互い様だと思うんですね」

高橋さんは少し照れた顔をしながらそう語った。そんな自然な関係こそが、木原さんの提唱するご近所福祉の姿でもある。

孤独死に詳しい江東区社協の多田洋祐さんにも話を聞いた。社協としても、孤独死には頭を悩ませているようだ。

「世間的にも孤独死に対しては、なんとかしなくてはいけないという意識は強い。ただ、これさえあれば解決できるという特効薬はないと思うんです。とにかく地道に見守りなどを続けていくしかないんですけど、それはどうしても町会・自治会の活動がベースになってくる。見守る側の重荷と言うか、プレッシャーもあって、そこの負担をどうやって軽くしていくのかが大きな課題なんです」

現に自治会長の高橋さん自身もフルタイムで印刷関係の仕事をしていて、その合間の時間で自治会活動を行っているという。団地が高齢化しているとはいえ、まだまだ現役で働いている人も多い。自治会や町内会のために自分の生活を犠牲にはできないし、働いて生計を立てているからこそ町内会の活動ができるとも言える。これからはこの団地のように、役員がフルタイム勤務をしながら町内会の活動に関わっていくことも増えてくると予想される。多田さんの言う通り、日々忙しい生活に追われる住人の、見守りに対する負担をどう考えるかという問題はいまだ横たわったままだ。

マップづくりが終わって日が落ちたころ、役員たちが残って今月の会報を作り始めた。高橋さんがパイプ椅子を勧めてくれたので、私も自然と輪に加わることになった。高橋さんが話し始める。

「朝7時に起きて、渡辺さんが焼きそば食べたいって言ってたから、渡辺さんのところに焼きそばを持って行ったの。それから仕事をして、そのあと社協の人たちが来てマップづくりでしょ。もう今日は大忙しだったのよ」

高橋さんは今日も、住民のためにおすそ分け用の料理を作っていたのだ。しかも、相手が食べたいと言っていたメニューのリクエストにまで応えていた。しかし、相手が喜んでくれたとあって、高橋さんは嬉しそうである。この団地は、そんな高橋さんたちの目に見えない人柄によって支えられている。それがすごく伝わってきた。

そうして話題は、高橋さんが自治会長になる数年前に発生した孤独死になった。

「自治会費をもらいに行ったら出てこなくて、1か月経っていたの。そしたら、みんながあのうち臭ってるよとなったの。警察が来てパトカーが止まってたから、何かなと思ったらブルーシート持っていて、えええ？　と思って。一人暮らしのおじいさんよね」

するとちょうど居合わせた幹事の上田さんの話になった。

「この中で危ないのは上田さん！　鍵をいつでも閉めてるでしょ。でも、鍵を閉めると入っていけないから危ないよね。上田さん、携帯も持っていないし。もし死んでたらどうやって入っていくのよ？　私たち」

「上田さん、一人暮らしだし、一番危ないもん。孤独死になっちゃうよ」

上田さんは黙ったまま苦笑いを浮かべている。そんなやり取りを見ながら、それでも、上田さんは孤独死はしないだろうと私は思う。だって、これだけ心配してくれる仲間たちがいるのだから――。

「私、幽霊嫌いだから、死んでも出てこないでね」

冗談めかして、清水さんが上田さんの肩を叩いた。

いつの間にか、外は真っ暗だった。

私が帰ろうとすると、清水さんは集会所の外まで見送ってくれた。集会所の中で、いつまでも住民の笑い声が響いていた。

「助け合いをするということは、人に迷惑をかけるということ。迷惑のかけ合いと言ってもいい。困ったときに助けてくれと声を上げることは、決して自分のプライドを捨てることではないし、自分が惨めになることでもない。迷惑をかけない文化から迷惑をかけ合う文化に転換していかなければ、助け合いは始まりようがないし、孤独死も防げない。むしろ助けられることとは、当事者である自分たちの誇りを守ることなんです」

木原さんは、そう語る。

要援護者でも、住み慣れた地域で、その人らしく生きられる街にすること――。国は、なんとも聞こえのいい言葉をスローガンに掲げているが、そこには介護保険の抑制のためという裏事情がある。

同じように見えても、木原さんの考え方はそれとは全く違う。木原さんが目指すのは、草の根活動であり、助け合い文化の醸成だ。ご近所福祉のあるべき姿に人生をかけてきた木原さんは、高橋さんのような住民の底力を信じているのだと思う。だからこそ、今の福祉のあり方に警鐘を鳴らす。

木原さんによると、地域は4層構造で成り立っているという。第1層は3万〜5万世帯の市町村域、第2層は千〜5千世帯からなる校区(学区)。その次に300〜500世帯の自治区という第3層だ。これがいわば町内会や自治会にあたる。ここで見落とされがちなのが、この下にある約50世帯の集まりである、第4層だ。それを木原さんは「ご近所」と呼ぶ。木原さんによると、日本に住む多くはこのくらいの小さなコミュニティで支え合っている。つまり、ほとんどの町内会のような数百単位の規模では、助け合いどころか、お互いの顔さえ見えなくなるのだ。

自らの経験に照らし合わせると、私は戸建てに住んでいるのだが、付き合いが頻繁なのは同じ班の数世帯と、別の班の斜め向かいに住む世帯。あとは犬の散歩で会うご近所の犬友達くらいだ。

「大抵、お茶飲みサロンなんかは町内会単位の500世帯で開くでしょ。ここには要援護者は来ません。本来であればご近所(50世帯)で開かれなければいけないんです。それがみんな面倒だからやらない。福祉関係者は第2層である校区の規模でサロンを開いたりもする。それは、今の福祉が担い手主導だからなんです」

確かにそれは、私が住んでいる町内会でも思い当たる。お年寄りたちのサロンが開かれているのは、私の自宅からは1キロ以上先の集会場だ。要介護者どころか、健康なお年寄りだって、ちょっと足を延ばすには遠すぎる。第三章の民生委員が言う受け持ち世帯の多さにも表れているが、これは町内会という単位が大きすぎるからだ。

孤独死防止のために見守り隊を結成するというのは、どこの町内会や自治体でも割と実施していることだが、見守り隊という発想自体が、一人ひとりの事情やニーズなどを無視した発想だと木原さんは言う。

「町内会で要援護者を見守りましょうという『見守り隊』も、担い手側の上からの目線で生まれたものです。しかし孤独死予備軍のような人は、誰を見込んでいるか、何に興味を持っているかというところから入っていかないとなかなか心を開かないんですよ」

木原さんによると、孤独死を防止するためには、本来であれば当事者が「見込んだ人」やその住人が住むご近所を、町内会や自治会、民生委員がバックアップすることが望ましいという。しかし、国や地方自治体も校区や自治区にばかり人員を配置して、肝心の当事者のいる「ご近所」には誰も注目しない。孤独死が発生する根本には、当事者の立場から物事を見ずに、地域のニーズや対処法などを国や地方自治体などが考えてそれを押し付ける、担い手主導という問題が根強いと木原さんは言う。

孤独死を防ぐために自分でできることは？

20年以上マップづくりをしてきて、木原さんは時代の流れによる大きな変化を感じることが多くなった。

かつては「支え合いマップ」を作るときに最初に探すのは「一人暮らしの高齢者」だった。しかし最近では、50代や60代の単身の男性も探さないといけなくなった。男性は困ったときに周りの人の助けを求めることができない傾向があり、この世代にもっとも孤独死が多いからである。

もう一つ、住民の意識として最近目立ってきたのが「自己責任」という考え方だ。自分自身を守るために、当事者もなんらかの努力をすべきである。こういった感覚は、全国各地でマップづくりをしているなかで、住民の意見として出てくることが頻発するようになった。

単身世帯が増え続ける中、自らが孤独死に陥ってしまうことも十分に考えられる。周囲ができることも限られるし、負担も重くのしかかる。そのため人々の意識が、自分の身は自分で守れというスタンスに変わってきたのだ。

では、自分の安全を守るためにどんな努力をしたらいいのだろうか。実際に木原さんがマップづくりで関わっている愛知県安城市の町内会では、そのための話し合いが何度も行われていた。そして、住民たちの手によって安全なひとり暮らしのための5つの工夫というものができあがった。

①外へ出て、人と出会う機会を作りましょう
②人を家に招き入れましょう
③決まった人と声をかけ合うなど、出会いの仕方を工夫しましょう
④助け合いができるご近所づくりに努めましょう
⑤常に倒れたときのことも意識して行動しましょう

こう書くと、なんでわざわざそんなことをする必要があるのだと感じるかもしれない。しかし、木原さんはこの5つの工夫の核心こそが、セルフケアマネジメントに当たると発想を転換したらどうかと提案する。セルフケアとは簡単に言うと自己管理のことで、自分自身で行う心身のケアのことだ。孤独死を防ぐためのセルフケアとして、この5つを実践することが重要だと木原さんは語るのだ。

柱の1つ目は、外へ出て人と会う機会を作り、自分の存在を知ってもらうことで、安否確認につながる。しかし、外に出るのが億劫な人もいる。住民同士の話し合いでは、外に出たくないならば、せめて毎日庭に出て植木の手入れなどをすればいいという話になった。日常的に行っていることを隣人が目にしなくなれば、異変に気が付いてもらえ

るかもしれないからだ。

2つ目は、自分が出ていくのが嫌なら、逆に人を家に引き入れればいいという発想だ。家に人を招くことで、自分の色んなところを他人に知ってもらい、なおかつ身の危険が起こったときに、どこに何があるか把握してもらえる。

そして3つ目は、ただやみくもに色々な人と会うのではなく、少なくてもいいので、いつも決まった人の目に触れることで安否確認につなげてもらおうということ。

4つ目は、ご近所のお付き合いを触れ合いに終わらせず、それを助け合いに発展できるよう、努力することが大切だということ。福祉活動や趣味のグループに参加するなどして、助け合いの仲間づくりも積極的にしたほうがいいという意見も出た。

5つ目は努力目標として、泊まりで旅行に行くときは周囲の人に連絡をする、鍵の開け方は信頼のおける人にはわかるようにしておく等、何かあった時を意識したご近所付き合いをしましょうということ。あらかじめ緊急時の連絡先を近所の人に教えておくと良いというアイディアも出た。

その中でも問題になるのは、4つ目の「助け合いができるご近所づくり」だ。木原さんは、私に冊子を差し出した。

「このアンケートを講演で配ると、ほとんどが○になるんですよ」

その中から主要なものを抜粋したので、どれだけ○が付くか、読者の皆さんもぜひチエックしてみてほしい。

①自分や自分の家族のことは隠しておきたい
②自分のことがご近所で噂されるのはイヤ
③人に助けを求めるのがイヤだ
④人に迷惑をかけることだけは絶対にしたくない
⑤人のことはなるべく詮索しないようにしている
⑥誰かが認知症だと気づいても、誰にも言わないようにしている
⑦困っている人にはお節介と言われない程度に関わる
⑧引きこもるのにも事情があるから無理にこじあけるべきではない

私自身、ほとんどに○が付いてしまったが、皆さんはどうだっただろうか。実は、このアンケートは日本社会の近所付き合いの常識を列挙したものだ。

木原さんによると、私たちのこれらの「常識」的なお付き合いは、困りごとが起こらないという前提の上で成り立っている。しかし、ひとたび困りごとが起きたら、逆にこれらの項目に該当する「常識」が、助け合いを阻む障害物になってしまう。

①〜④は、自分が助けられる側、⑤〜⑧は助ける側になったときだと考えてほしい。例えば①は、人に対して家族の病気のことを隠したりしてしまうと、周りは当然ながら困っていることさえも知らないので、手は出せない。そして②は、困りごとの情報が

周りと共有できずに、助けることが困難になる。④は、迷惑をかけたくないと思えば、「助けて！」とは言えなくなってしまう。そもそも人にこうしてほしいと言うこと自体、迷惑をかけることでもある。

木原さんは、要援護者ほど情報防衛をしてはいけないと言う。それが即、命の危険につながってしまうからだ。

木原さんは、若い夫婦からある日こんな相談を受けた。

ある若い夫婦は認知症になった舅が毎日バケツを頭から被り、子供用の自転車に乗って近隣を徘徊することに困っていた。

妻は夫に「町内の人に打ち明けよう」と提案した。本人も近所の人に隠すのがもう限界とわかったのか、自治会の班長会議で打ち明けることにした。「実はうちの父親が……」と言い出したら、皆知ってるという。そこで「何かあったら、ぜひよろしくお願いします」とお願いしたところ、徘徊する舅を見かけたら住民が自宅に連れ戻してくれたりと、行動を起こしてくれるようになったのだという。

これは家族の実情をオープンにしたことで、地域の協力を得られたケースだ。夫は家族の中に認知症患者がいることを秘密にしていたが、「助けてほしい」という訴えがないと、地域でも助けようがなかったのだ。

長野県須坂市が行ったアンケート調査によると、「困っている人がいたらどうしますか?」という質問をすると、「頼まれたら助ける」が72%、「頼まれなくても助ける」が23%となった。合計すると「助ける」という人が95%にものぼったのだという。しかし、助けを求める側はどうか。木原さんが講演の際に、困ったときに「助けて!」と言える人に挙手をしてもらうと、「言える」という人の割合は、わずか3~5%程度に留まった。

困った人がいたら、基本的に助けようと思うのが人間だが、ほとんどが「頼まれたら」という、カッコ付きだということだ。頼まれないのに助けるのはおせっかいだと捉えてしまう。だから、助けてほしければ、助けを求めなければならないのだ。

孤独死したくなかったら助けられ上手になれ

では、どうすればいいのだろうか。

簡単に言えば先ほどの項目と真逆のことを実践すればいい。

まず助けられる側は【1】自分や家族のことは隠さず、オープンにすること、【2】困ったら助けてと声を上げること、【3】その結果、人に多少の迷惑がかかるのは仕方ないと思うことである。

そして、助ける側は、(1)周りの人に関心を持ち、(2)なるべくお節介をすること、そして、(3) 引きこもる人とも臆せず関わっていくことである。

とは言っても、これができれば苦労はしないと思う人も多いだろう。

この中で重要なのは、助けられる側の態度だ。なんらかの問題を抱えた人がそれを隠さずにオープンにすれば、周りはSOSの合図を簡単に受け取れるし、助ける側の(1)、(2)、(3)、という動きも、それほど必要ではなくなる。

例えば、先に挙げた江東区の団地ではゴミ屋敷が住民の間で話題にされていたが、家をオープンにしているというのはまだ救いがあると言えるだろう。住民だけでなく社協や役所までもが、この現状を把握して介入できる可能性があるからだ。逆に言うと、この網に届かないクローズドな世帯こそが一番の孤独死予備軍だと言える。

助けられ上手の例を見てみよう。長野県に住む要介護の高齢者夫婦がいる。福祉サービスは受けているが、日常生活において困りごとは絶えない。そこで妻自身が積極的に「あなたは雪かきをお願い」「あなたは病院まで有償で乗せて行って」「一緒にサロンに連れて行って」とお願いをしていたのだ。そして、助けられ上手さんに頼まれた側は、いずれも快く受け入れていることがわかった。

もし福祉の当事者になってしまったら、自分が抱えた問題を周りにオープンにすること、そして、自分の弱さをさらけ出すことが大切だと木原さんは何度も言った。それは、問題を抱えている自分の生活の一部始終、さらにそれを解決できない情けなさをもさらけだすということでもある。誰もがみな、そんな弱い自分は認めたくない。だから隠そうとする。

しかし、木原さんによると、そもそも福祉とは問題を抱えた当事者がいなければ生まれないのだという。それはどういうことだろうか。

まず、自分に問題が生じたことを自覚し、それをなんとかできないものかと考える。そして、その問題を周囲にオープンにし、同じ問題を抱えた人がいたら連帯する。解決できないときには誰かに助けを求める。最終段階として、助けてもらった代わりに自分自身にも何かできることはないかと考えるようになり、その後、助ける側に回ったりする。

「助けられ上手になりましょうと言うと、『俺もそろそろプライドを捨てて、助けてと言わなきゃならんのか』と皆さんこう言います。しかし、助けられることだって立派な福祉活動なんですよ」

助けられなければ、助けられる側の気持ちはわからない。助けられる側の気持ちがわかっているからこそ、助けることもできる。このように「自分自身の問題を解決するという過程」そのものに意味があるのだから、人に助けを求めることに引け目を感じなくてもいいのではないだろうか。

2015年に国は、比較的自立した生活が営める状態である要支援1、2の「訪問介護」「通所介護」を介護保険の適用外として、自治体の総合事業へと移した。要支援1、2の場合、受けられるサービスは掃除や洗濯、調理などといった生活支援なのだが、3年間の猶予期間ののちに、完全に自治体の裁量に委ねられることになる。

総合事業の担い手は市町村が中心になるが、その中には住民主体の生活支援サービスも含まれている。今まで介護保険で賄ってきた公的な生活支援に、地域のボランティアなどを活用することで費用の抑制をしようというわけだ。

かなり無理がある制度だという気もするが、実際、ボランティアや地域に根差したNPO団体などが確保できないことから、半数以上の自治体がこの制度を上手く導入できていなかったり、そもそも導入できる状態にないのが現状だという。

この制度は一部メディアや介護関係者によって、「国が要支援者を切り捨てている」との痛烈な批判にさらされているが、背景には介護保険財政の逼迫がある。

こういった介護保険の抑制という国の動きは、今後益々加速していくのは間違いない。これから国が進めようとしているのは、まずは「自助」、そして次は「共助」で、どうしても解決ができないときだけ「公助」を使ってくださいねということだ。「共助」で大きな役割を果たすのが地域なのだが、これだけ地域が空洞化した社会では、その「共助」に依存するのは途方もなく困難のような気もする。

しかし、住民たちの意識改革によって、その「共助」が呼び覚まされた自治会もあるという。北海道のとある分譲マンションだ。

そのマンションでは孤独死がすでに2件発生していた。住民も孤独死の発生に動揺して、次は自分かとおびえている。なんとしても孤独死を防ぎたい——。そう思ったある民生委員の女性は、ドアにぶら下げた袋に、朝にキューピー人形を入れて、夜にしまってほしいとお願いをしたのだという。木原さんが住民たちに煩わしくないかと聞いたら、1日2回、マンションを住民たちの有志が見守ってくれているので、空き巣や強盗などの心配もなくなり安心して眠れると言われたという。

「孤独死を防ごうというその情熱ね。いくらマップづくりをしても、そういう意気込みがないと駄目。なんとしても人を救おうという思いだよね。それがなきゃマップを作っても意味がないんです」

もちろん、こういった取組みは住民の同意が前提になってくるため、どこでもできることではない。しかし、マンションで孤独死が頻発しているとなると、誰もがいい心地はしないし、分譲マンションだったら、該当の部屋は事故物件扱いとなり、近隣の資産価値にも関わってくる。この北海道のマンションは、孤独死をなくしたいという民生委員と住民たちの思いが一つになったことで成功した例だと言える。

友達がいなくてもいいじゃないか

木原さんは、自分らしさがどの程度充足しているかを測る物差しとして、六角形のダイアグラムを見せてくれた。

【①仕事・収入、②健康、③趣味・学習、④家族・夫婦、⑤友達・ふれあい、⑥社会活動・ボランティア】

このダイアグラムを作ってみると、誰にでも出っ張っていたり、へこんでいたりする部分がある。孤独死予防となると、友達や触れ合いが足りないということだけに目を向けがちだ。

木原さんは孤独死を防げなかった例として、油絵が大好きなあるおばあさん（Aさん）を挙げた。熊本県で死後1週間経って発見された一人暮らしのAさんは、民生委員や見守りボランティアが行っても頑なにドアを開けようとしなかった。つまり、交流をシャットアウトしていたのだ。

木原さんは、「どんなに引きこもっていても、一人や二人には心を開いていただろう。そう思って町内会長に確認したら、BさんとCさんは受け入れていたんだよね」と語る。Aさんにとって、Bさんは近所に住む唯一の友達で、Cさんはかつて Aさんと一緒に地域で料理ボランティアをしていた仲間だった。

しかし、Bさんは最近引っ越してしまっていた。それで孤独死してしまったのだ。民生委員がAさんに受け入れられないとしても、Aさんが誰を見込んでいるかを探せば、Cさんを発見できていただろうし、Bさんが引っ越すときにその情報を引き継ぐこともできたはずだ。その人が誰を見込んでいるかを探すところから始まるのが、当事者主導という考え方だ。福祉の担い手はそうした考え方に至らなかった。その結果、Aさんは孤立してしまったというわけだ。

「人間って何がなんでも開かせたいところがあるのね。でも、Aさんは人との触れ合いにあまり関心がなかった。だから本人が誰を信頼しているか、何に興味を持っているかという部分から入ればいいのに、民生委員は『私が行っても戸をあけない』と怒っていた。つまり一番必要な当事者のほうから見てあげる気持ちがなかったんだな」

まるでそのときのことを思い出したかのように、木原さんはしみじみと述懐した。そして、穏やかな眼差しを向けた。

「福祉の目的は、その人の安全を守ることだけじゃない。安全はね、福祉関係者やメディアのほうの関心なのね、そういった皆さんが、勝手に引きこもりとかセルフ・ネグレクトという名前を付けているだけなんです。ここに孤独死の本質的な問題がある。孤立している人はダイアグラムで考えると、たいてい趣味・学習の部分が強くて、友達・ふれあいが弱いことが多い。でも、その人にも困りごとがあるはず。困りごとは身体的な問題だけじゃない。その人らしく生きられていないというのも、その一つ。つまりその人の自己実現を図るようにすればいいんだな。何に関心があるか。本来ならばそこから入っていかなきゃいけない。

実は引きこもりの人って、こだわりを持っているんだよ。それを理解してあげること。趣味から触れ合いが開くこともある。人との触れ合いが苦手だったとしても、趣味を通じて少しでも会話ができればそれでいいじゃないか。Aさんは油絵が趣味で、自分が描いた油絵が部屋の中に飾られていた。それなら、公民館で個展を開いてもらうのを提案するとかね。その人にとって、人の役に立って、若干の収入になる。これが少しでも満たされれば、それでいいじゃないか」

新潟県で支え合いマップを作ったときのこと。半身不随で着替えもできないおじいさんがいて、ひどい小便の臭いがするがどうしたらいいかと言われたという。

「何かこだわっているものはないのかと聞いたら、そのおじいさんはビデオが好きで、とり年に一度、祭りのビデオを撮って周りに配ってるということがわかった。だから、とりあえずビデオ撮影を頼もうと言ったの。一見閉ざしているように見える人でも、本人は豊かに生きたいと思っているんだよ。自己実現と言うと固い言い方だけど、自分の人生はこうでありたい、俺はこういうことをやりたかったんだという部分ね。俺の人生は良かったと思って生きていけることだね。自己実現が嫌だという人はいないと思うんだよ。それを叶えてあげることが大切なの。それだったら、きっと文句は言わないよ。その人がこだわっていることを大事にすれば、閉じこもっている人に心を開いてもらえる可能性は高い」

埼玉県のある町内会では、ゴミ屋敷が悩みの種になっていた。玄関の外までゴミが溢れていて、住民の男性に片付けをお願いすると、「触るな、これは俺の宝だ」と言う。何か接点はないのかと聞くと、ゴミのパソコンの中から部品を分解して売っていることがわかった。ならば、それをきっかけにしてゴミ屋敷の中に入ることができないかということになった。

こういった木原さんのアドバイスは、実際に功を奏している。

70代の一人暮らしのDさんは心の病を患っており、家にいると電磁波が出るからと1日中屋外で暮らしていた。そのため、足は凍傷になってしまっていた。市の高齢福祉担当課のMさんはDさんに、一度医師に診てもらったらどうか、施設に入ったらどうかと説得したが、頑として応じることはなかった。Mさんは雑談でDさんが詩を書いたり、雲の絵を描くことが趣味だということを知っていた。

そこで、木原さんがその趣味の方面からDさんにアプローチしたらどうかとMさんにアドバイスした。具体的には、詩集をまとめることや、雲の絵の展覧会を開くことを提案したのだという。

　木原さんの助言を受けて、MさんはDさんに接触するときに作品を褒めたり、次の作品を楽しみにしていることを伝えたりするようになった。すると、次第にDさんは心を開くようになり、Mさんの勧めで医師の診察を受けて入院。その後、養護老人ホームに入ることも承諾してくれたのだという。

これらは当事者の趣味がきっかけとなり、突破口となった例だ。

「こういった執念が必要なのよ。今の人って淡泊でしょ。お互いに関わってもらうのも嫌だし、浅い浅い関係ですよ。ここから孤独死が発生するわけです。孤独死の危険があるかどうか、隣人はなんとなくわかっていることが多いんです。ただ、閉じこもっている人に対して、コミュニケーションしようとする勇気がないだけ。でも、助け合いはきれいごとではないんです。スマートなんてものからかけ離れた、ドロドロの営み。困った人がいればお節介を焼く。相手が引きこもっていればドアを開けてもらわなければいけない。周囲の人に関わっていこうという心意気があれば、事態は変わってくるはずなんですよ」

確かに、木原さんが言う通り、助け合いはきれいごとでは済まない。粘り強さが必要だし、手間や時間もかかる。それを引き受けるだけの覚悟があるのかと言われれば、一瞬たじろいでしまう。

それでも、木原さんのバックアップがあれば地域で孤立している人に対して、なんらかの接点を見出すことはできるかもしれない。木原さんのような存在はこの日本に益々必要となってくるだろう。そういった人員を制度的に育てていく、なんらかの仕組み作りが必要なのではないかと感じる。しかし、それだけでは不十分だ。

当事者に寄り添って、誰もが排除されず自分らしく生きていける社会は一つの理想である。これを形にしていくには、私も含めた一人ひとりが人とのつながりを恐れずに、もっともっとタフにならなければならないのかもしれない。

第五章　見守りサービスの手前にある孤独

個人主義の社会で孤独死は「迷惑な死」か？

孤独死が他者にとって「迷惑な死」であるならば、その「死」だけをコントロールすればいい。あとは野となれ山となれ――。そんな考え方は、個人主義の日本社会において、圧倒的な支持を集めているのではないか、と思う。

他者にとっての「迷惑な死」さえ無くせばいいという考え方である。

自動センサー型見守りサービスの普及など、孤独死を巡る様々なＩＴ技術の進歩は目覚ましい。それによって確かに、私たちは「死」の管理が容易な社会へと突入しつつある。

人が部屋で死んだらすぐにＡＩによって通報され、ロボットが清掃する――。そんな未来も手に届きそうな勢いだ。昨今高齢者に人気の「終活」も大きく分けると「死の準備」に繋がるだろう。現に孤独死保険などの周辺サービスも次から次に現れ活況を呈している。私たちの社会は明らかに、人の死のみを管理する方向に舵を切っている。しかし、私たちは本心からそんな社会を望んでいるのだろうか。

たとえ人の死が完璧に管理される社会になったとしても、関係性から排除された人間は死ぬまで放置されたままだ。むしろ「死」の問題をAIで解決することは、人と人との関係性からの疎外という根本的な問題をヴェールで覆い隠すことに繋がりかねないのではないか。

ひょんなことからこの問題に向き合うことになった人々を通じて、現代人の大きな葛藤と不安を知ることとなった。まず見えてきたのは、孤独死のずっと手前にある、若者たちの孤独を巡る偽らざる本音だった――。

弟の孤独死がきっかけで作られたLINE見守りサービス

スマホのランプが、三日に一回、暗闇の中でチカチカと点灯する。

「あっ、LINEだ」

寝どこにつきながら、スマホをスワイプする。光は消え、再び眠りにつく。また、三日後、あの時間にLINEが点灯する。よく考えたら、自分を生んでくれた親ですらそんな頻繁に連絡を取ることはない。友達はいるけど、表面上の付き合いでしかない。一人で家で死んで腐敗しても、きっと誰も見つけてもらえない。でも、死んだとき、ドロドロになるのは嫌だ。このサービスを利用していたら、大丈夫かもしれない。

三日に一回点灯するスマホを見ていると、いつしか画面の向こうと繫がっているような気がする。きっとあの明かりの先には、私のことを思ってくれる人がいる。この社会は辛くて、生きる気力すらない時もある。死にたいと思うこともある。

また、ほの暗い空間であのＬＩＮＥが光る。会ったこともない、あの人が見守っていてくれる気がする。だから、そう、今日も何とか生きよう、なんとなく、そう思えるようになった――。

これは、架空ではあるが、ある見守りのサービスに登録した若者たちの思いを集約、代弁したものだ。

そして若者たちの先にいる相手とは、紺野功（62）さんである。やや薄めの後頭部に、人懐っこい細長い目。紺野さんは江戸川区の下町で生まれ育った生粋の江戸っ子だ。彼は、待ち合わせした新宿の喫茶店に深く腰を下ろすと、ふっとため息をついた。

不思議なことに今紺野さんは、無数の孤独な若者たちと電脳空間で繫がり、交流しているのだという。それを私に見て欲しいと、連絡をくれたのだ。私は、たった一人で若者と向き合う彼に興味を持った。

紺野さんがNPO法人「エンリッチ」でLINEを使った見守りのサービスを始めて、2023年で5年になる。定年退職後、弟の孤独死をきっかけに、遺体の早期発見を目的にLINE見守りを始めた。弟の死因は冬場の自宅での凍死――。不摂生で、コミュニケーションが苦手な弟は、50代で孤独死した。あまりに早い死に直面して湧き上がった、現役世代の孤独死を何とかできないかという思いが、このサービスの原点だった。

紺野さんが開発したシステムでは、LINEに友達追加して登録するだけで、三日に一回など設定した通知間隔と時間に安否確認のメッセージが届く。OKをタップすれば、安否確認が済み、応答がなければ24時間後、さらにその3時間後に再度安否確認のメッセージが届く。それでも応答がない場合は、紺野さんが直接本人の携帯に電話するという仕組みだ。

それでも本人の安否確認が取れなければ、事前に登録した家族や友人などの近親者に紺野さんが直接電話する。このサービスはスマホを持っていれば、誰でも無料で使用できる。どんな人にも利用してもらいたいという思いから、無償で全てのサービスを提供し、利用者からの寄付によって運営している。現在LINE見守りの登録者数は3600人。登録者は日に日に増え続けている。

紺野さんは以前、ある国際メディアからの要請で20代、30代向けに登録動機を尋ねるアンケートを行った。なぜ、若い世代が見守りサービスを利用するのか、その動機を知りたいというものだった。

紺野さんは利用者の160人にこのアンケートを送信し、30件の回答を得た。そこには、驚くべき回答が並んでいた。

「菅野さん、これを見てくださいよ」

コーヒーが運ばれてくる前に、紺野さんが束になったアンケート用紙の束を悲痛な面持ちで私の方に差し出す。そこに羅列されているのは、あまりに切実な若者たちの声なき声だったからだ。

自らの孤独死を恐れる若者たち

頼れる親戚がいないので、万が一の事があった時や、孤独感や閉塞感を和らげるためにこのサービスを利用している／天涯孤独／親族と絶縁しており何かあった時に頼れる肉親がいない／家族を失って一人になって、身体も病気になり、心も病気になり、死や生をとても鮮明に感じ続ける毎日である／自分から連絡が途絶えてもおそらく誰も死んだとは思わないし、死んだと思っても、わざわざ来るような人はおそらく居ない。住所を知っている友人も居ない。いつ死んでも大丈夫という安心感が欲しかった——。

この回答者は高齢者ではなく、まぎれもなく今を生きる若者たちである。アンケートには、様々な事情から自らの孤立している今の状況に危機感を抱いた若者たちの悲痛な叫びで溢れていた。

紺野さんが当初想定していた若者のＬＩＮＥ見守りの利用動機は、高齢の親のために自分で使用してみて使用方法を親に教えるというものだった。しかし実際はというと、孤立感を募らせた若者たちが、自らの孤独死の危機を感じ、せめて遺体だけでも早く見つかってほしいという諦めにも似たものが多数だった。そういった若者たちの切実な利用動機は、紺野さんの想定を超えていた。

「このアンケートの結果を見たときは、率直にショックでしたね。若い人たちがこんなに孤立しているなんて、想像もしていなかったからです。このアンケートは匿名なので、若い人はそこになら安心して本音が吐き出せるのでしょう。やっぱり自分の思いを伝えたり、吐き出せる人が身近にいないというのが、この世の中のいびつな現実なんだなと思ったんです。日本の闇の部分を感じましたね」

紺野さんはそう言って頭を抱えた。ＬＩＮＥ見守りの利用動機は、若者たちの孤立の現状をつぶさに表している。それは想像以上に深刻なもので、孤立の慟哭とも言える叫びでもあった。

若者たちの置かれた過酷な現状に暗澹たる気持ちになるその一方で、もう一つの興味深い事実を紺野さんは知ることとなった。孤立した若者たちにとって、実は紺野さんのＬＩＮＥ見守りそのものが、いつしか彼らの大きな心の支えとなっていたのだ。

以下のアンケート結果は、紺野さんが知る由もなかった若者たちのリアルな心の動きをつぶさに映し出している。

25歳　女性

社会人３年目です。

仕事が原因で心を病み、自分自身でも落ち込んでいる時に何をするか分からないと感じたので登録しました。両親とはあまり連絡をとりませんが、大きな愛情を注いでくれていることはよく理解しているので、万が一の時は少しでも綺麗な状態の自分と会ってほしいのです。心の傷を少しでも浅くしたい。（中略）安否確認のＬＩＮＥを受け取る回数が増えるごとに、近所付き合いもなく人間関係の希薄な私には、次第に心の安定剤となりました。いつもありがとうございます。

兵庫県 20歳 女性

私は家出のような形で一人暮らしをしています。

自分は若いから死は遠い存在だとなんとなく思っていました。（中略）私の業種は飛ぶ（事前報告なしに唐突に辞めてしまう）人が多く、また私は会社に家族情報を伝えていないので、私が急に出勤しなくなってもだれにも気づいてもらえないんじゃないかという不安からたまたま見つけたこのサイトに登録しました。（中略）3日に1回連絡がくるのがとても嬉しいです。

私がメンタルの不調を抱えているのもあって死にたくなることが多いのですが、「お元気ですか？」とＬＩＮＥが入るだけで頑張ろうと思えます。安否確認という意味合いもありますが、それ以上に私の安否を確認してくれる人がいる、ということが心の支えになっています。

奈良県 35歳 女性

（前略）マンション住まいなので地域のコミュニティにもなかなか入りづらく、「ちょっとお話しできる近所の人」がいません。何かあったときにできるだけ早く異変に気がついてほしいと思い、こちらのサービスを利用させていただいています。他の人も書いておられましたが、自動配信であったとしても、毎日の様子を気にかけてくださる人がＬＩＮＥの向こう側にいると思えるだけで安心感が違います。

東京都 26歳 女性

猫一匹と同居しています。わたしがなんらかの理由で亡くなった場合、猫だけでも救われて欲しいと願い登録しました。（中略）二日ごとに設定している安否確認のラインにOKと返事するたび、自分がまだ生きてるということを再確認します。生きのばしです。苦しいことがあっても生きていかなければならないので、近いところに目標を置き、それをこなしていくことで、今日も一日生きられたと実感します。

アンケートから読み取れるのは、社会から孤立した若者が紺野さんのLINE見守りによって多少なりとも、自らの孤立感を和らげ、またかろうじて日々の命を繋いでいるという少し不思議な現象だった。中には、LINEが鳴ることで安心する、自分は一人じゃないと思える、といった回答もあった。

そこには、令和ならではの孤立した若者たちによる、人と人との関係性のリアルが浮かび上がってくるのだった。

LINE見守りは、お互いの顔が見えないがゆえに成立する、まさに「緩やかな繋がり」である。普段は紺野さんはおせっかいをするわけではないし、顔を合わせるわけでもない。しかし、もしも何かあったら最期を引き受けてくれる。何よりも無料だ。そんな微妙な距離感の存在は、孤立する若者にとっては希少で使い勝手がいい。

LINEというアプリは、基本的に他者と繋がるためのツールだ。令和の現代――、人と人とはSNSによって無数の網目が巡らされ、目に見えないごく細い糸が張り巡らされた世界を生きている。紺野さんと孤独な日本中の若者たちは、そうしたネットの電脳空間で出会い、いつしか不思議な絆で結ばれていたのかもしれない。

人は心配してくれる他者を求めている

高齢者向けに限って言えば、行政機関も見守りサービスを導入している。例えば、東京都中野区による高齢者向けの安否確認システムでは電話で自動音声が流れてくる。電話を切れば、その日の安否確認は終了だ。また動態監視カメラをセットして何かあれば、警備会社が駆けつけるというサービスを行っている民間企業もある。

しかし、人はロボットではない。自動音声に向こうには、人がいない。無機質な音声テープには、人の温かさがない。自分を思いやってくれる人という他者がいない。私たちは遠くからでも自分を見守ってくれているという人、自分の安否を気遣ってくれる人を求めている。機械ではない「誰か」の存在を欲している。そして、若者たちはLINEの向こう側に、そんなリアルな人との関わりという安心感を見出す。中にはそれだけが命綱となり、何とか命を繋いでいる人もいる。紺野さんのサービスは現代社会において、若者たちのささやかな、しかしいつしか大きな存在になっているのかもしれない。

想像以上に進んだ若者の孤立化は、日本社会の沈没の現れでもある。その声は、いわば「普通のオジさん」である紺野さんにとって、それはあまりに重すぎる現実でもあった。

紺野さんは、困惑気味に語る。

「私のLINE見守りが若い人たちの心の安定に繋がっているというのは、嬉しいことではあります。でも人と人が、LINE見守りではないもっと他の方法でつながりを持てないものかなぁといつも感じるんです。隣近所や町内会などの地域活動でなくとも、何らかのコミュニティを作ることによって、孤立している方々がリアルに出会えたり、繋がれたりする方法はないのだろうかってね」

紺野さんのサービスの先に本当に求められているのは、リアルな人と人とのつながりだ。自分のことを心底気にかけてくれる存在にお互いがなるということだ。しかし、その誰かがいない。

紺野さんのサービスには、人のぬくもりがある。人は、感情的な動物だ。自動音声のような味気ないものとは真逆にある。スマホの向こう側に私たちは、やはり人を求めるのだ。生きていてもいい、ここにいてもいいという肯定感が欲しい。

きっと人はいつの時代も、いくらテクノロジーが進化しようとも、その先に繋がれる「誰か」を求めている。心配してくれる他者を求めている。だから血の通った紺野さんのサービスが、孤立した若者にも重宝され、人は安心感を得るのだろう。それが、本質なのだと思う。

紺野さんは、そんな途方もない現実と向き合える数少ない心の優しい大人である。

紺野さんはある月は、180件もの安否確認の電話を掛けた。そのほとんどがLINEの画面を単にタップをし忘れたというもので、生死が関わるような緊急性が高いものではない。それでも、最悪の事態に繋がるよりはいい、そんな思いがある。

安否確認は、LINEの返事がないと、意外にも最終的には電話というアナログな手段で行われる。

反応がない利用者に、「LINE見守りのエンリッチです。画面がタップされていないようです。大丈夫ですか？　無事ですか？」と、紺野さんはLINE電話をかける。たいてい、電話の相手は慌てて「押し忘れました。大丈夫です」と言って電話を切る。

取材中も、目の前で、紺野さんのスマホが鳴る。それは先ほど電話を掛けたが、応答がなかった利用者からの折り返し電話だった。

紺野さんは、そうやって顔も見たことのないスマホの向こうの相手に日々、声をかけ続けている。それはおせっかいおばさんならぬ、令和のおせっかいおじさん。しかし、それが、このサービスのミソだという気がする。

私たちは文字だけではなく、声に出して心配してくれる誰かを求めているのかもしれない。だから、LINEという電子ツールの先に紺野さんという生身の人間と繫がっていることを感じ、自分は一人ではないと思えるようになるのだ。

「すぐに火葬してくれ」登録者の50代女性は死と向き合った

それでも当然ながら、見守りの性質上、最悪の場合、生死が関わる事態に遭遇することもある。

登録して三か月の大分に住む50代女性のLINEの反応がなかった。緊急連絡先に登録されていたのは、叔父と、市の生活福祉課の電話番号だった。まずは叔父に紺野さんが電話すると、女性とは何年も連絡を取ったことはなく、住所すら知らないので、何もできないと困惑している。そこで、もう一つの登録先である市の生活福祉課に連絡を取った。紺野さんは粘り強く事情を説明して、すぐに自宅を見に行ってほしい、と伝えた。その後、なぜだか警察から電話がかかってきた。聞くと、住民の女性は首を吊って亡くなっていたらしい。

紺野さんは唯一の女性の関係者として、警察の事情聴取を受けることになった。

女性は生前から孤立していたのだろう。かろうじてLINEを通じて繫がっていたのが、紺野さんのLINE見守りだったのかもしれない。そして、女性をこの世にとどめていたその細い糸が、ある日突然、ぷつんと切れる。

その最期を引き受けたのは、緊急連絡先に登録された叔父でも、生活福祉課でもなく、紺野さんだった。こういったケースは相次いでいる。

「この女性は、もしかしたら生前に生きづらさを感じていたのかもしれません。うちのサービスでは、近親者あてのコメントを残せるんですよ。そこに、最後まで迷惑かけて申し訳ない、すぐに火葬にしてくれと書いてあったんです。女性は登録した当初から、死を考えていて、その時から、生き伸ばしをしていたのかなと思ったんです。死を覚悟しながら、三か月頑張ったと思うと、とてもね……」

紺野さんが逡巡した表情でうつむく。

LINE見守りは、この社会が抱える思わぬ闇に直面している。孤立の奥深さを知った紺野さんが、自分だけでは賄いきれないほどの深刻さに困惑し、立ちすくんでいる。

「緊急連絡先が市の生活福祉課ということは、きっと生活保護も受けていらしたんだと思います。私のサービスの登録者の中には、そうやって孤立感を抱えて、死と向き合っている人が他にもいるかもしれない」

紺野さんは、自分の家の近所にいる登録者のうち、孤立していることが判明した高齢者には、困っていることはないか粘り強く電話で尋ねて、彼らを民生委員や行政機関と繋げるということも行っている。うまくいかないことも多いが、リアルの関係性で繋がることで、自分が世の中の役に立てればいいという思いで続けている。

「このサービスを開始した当初は想定もしていなかったのですが、LINE見守りは孤立防止という意味でも、私は役に立ててるのかなと思っています。でも、だからこそ、なおさらこういった問題は行政が力を入れるべきだと思うんですよ。私たちも日々、もっと行政に対して働きかけを頑張らなきゃいけないなという気持ちが強くなりましたね。私たちのサービスをどんな方が利用していて、普段どんな思いを抱えて生きているのか。そこに行政もきちんと目を向けることが必要だと思うのです。社会福祉協議会や行政も高齢者だけじゃなくて、若い人の孤立にも目を向けなきゃいけない。年齢に関係なくケアしなくてはいけない問題だと思うのです」

紺野さんは一息置くと、憮然とした表情でそう話した。

――この問題って、私のような一NPOが背負うことじゃないなと思うんです――

それって、とても重すぎる。紺野さんは、私にそう伝えようとしていた。もっともだと思う。LINE見守りは、実質紺野さんが一人でシステムの運用を行っている。しかし、そこに溢れるマグマのような若者の孤立感は、紺野さんたった一人で抱えきれるものではない。その中のたとえ何割かだとしても、毎日孤立感にさいなまれているとしたら――。

LINE見守りの利用者は8割以上が、若くして亡くなった紺野さんの弟と同じく現役世代である。この世代の人間が、大きな孤立感を抱えている。紺野さんはたった一人、様々な葛藤を抱えながらもこの瞬間も孤立した若者たちと向き合い続けている。

自分の最期について考えること

「究極的には、『見守り』にはＬＩＮＥが一番いいんですよ。ＬＩＮＥは既読マークが付くので、読んでいるどうかが一目でわかる。でもスマートフォンは、やっぱりお年寄りにはハードルが高いんですね。だとしても、本来ならお子さんとかが一緒にショップに行ってあげて、その場で契約してもらうのがいいと思います。最初は大変かもしれないけど、その後の安否確認は格段に楽になります。ここ数年だけでも新しい見守りサービスが続々と出てきていますが、そこまでモノに頼りたくないとおっしゃる方がかなり多いことも事実。私が見守り契約で何をやってるかと言ったら、電話と訪問なんですよ。とてもシンプルでしょう？　それくらい原始的な方法のほうが実は喜ばれるんです」

「見守り」をめぐる現状についてこう語るのは、社団法人ＬＭＮ代表の遠藤英樹さんだ。ＬＭＮは、「大切な人にあなたは何を残しますか？」をスローガンに介護、医療、看護が手を取り合うことで、生前に様々な契約を済ませ、その人の最期までをサポートする団体。ＬＭＮと連携しているのは、介護施設、訪問介護ステーション、生命保険会社、医療機関、葬儀社、不動産業者、行政書士、地区社協、遺品整理業、各種宗教法人など多岐にわたる。ＬＭＮは生前から個人の意思や希望を聞き出し、自分の死について事前に準備することで、その後の流れをスムーズにするべく手助けしている。その一環として見守りサービスも行っているのだが、遠藤さん自身は、見守りを入り口にして自分の死について考えるきっかけにしてほしいと考えている。

「見守られる側の皆さんほぼ全員が口にするのは、『私がもし明日死んでたらどうするの？　明日息してなかったら、誰が見つけてくれるの？』ということです。だったら毎日朝電話してあげるから、電話に出なかったらすぐに行くと言うと、とても安心されるんです。子供もいらっしゃって、仲も円満な方も多いですよ。そうして色々なことを話していると、見守り以外にも高齢者の本音がポロポロと出てきます。よく聞かれるのは、『本当は病院じゃなくて、家で看取られて死にたいけど、どうすればいい？』ということですね。『在宅で誰か面倒見てくれる人いるの？』と聞くと、『いない』と言うんです。それなら、在宅で看取られて亡くなるために今からどんな準備をすればいいのかという方法を、本人と一緒に考えるところから私たちのサポートは始まるんです」

自分はどのような死を迎えたいか——。それを生きているうちから考えるなんてめっそうもないと思う人も多いかもしれない。しかし、エンディングについて考えるということは、どう生きていくかについて考えることでもある。自分の死をライフプランに織り込めばそれに対して備えておくことができる。例えば、どんな死を迎えたいのかという選択には、前述した「見守り」の方法も含まれてくる。

「私たちは孤独死を一人でもなくしたいという思いで活動している団体です。私は高齢者向けのセミナーをよく開催しているんですが、その中でよく聞く言葉は、『私は一人で生きて一人で死ぬから誰にも迷惑はかけない』ということです。でも、決して現実はそういうわけにはいかない。病気になったり亡くなったりすれば、病院や警察は必ず近親者を探すので、子供はもちろんのこと、たとえ子供がいなくても姪っ子や甥っ子がいたらそこに連絡が行ってしまう。そうなると葬儀はその方たちにやってもらうことになる。なので、どんな方でも生前に自分のエンディングに関する準備をしておいてほしいと思いますね」

エンディングを考えるきっかけの一つとして流行しているのが、棺に入って自分の死をイメージする入棺体験だ。遠藤さんが行っている入棺体験は、棺の中に入ってもらうことで自分の死んだ後について具体的に考えてもらうことを狙っている。

棺に入り目を閉じて、最後にあなたのそばにいる人は誰ですかと尋ねる。それが看取ってもらいたい人なのだという。そして、あなたはどういう治療でどういう介護で最期を迎えたいですかと聞く。延命治療をやりたいか、余命宣告されたときに何をしたいかという自分自身の希望も考えてもらう。ＬＭＮは、そこで生まれた個々人が望むエンディングのプランに対して必要な知識を提供し、生前に様々な業種の連携団体と契約を交わしたりパイプ役になることで、現実に落とし込んでいく。

自分の死後に海洋散骨を希望するとすれば、海洋散骨業者と事前契約を結ぶこともできるし、延命治療を望まないのならば「終末期の事前指示書」で意思を示し、それを事前に家族と共有してもらうなどして、本人が希望する最期を迎えられるようにバックアップを行う。

遠藤さんは、LMNの活動を通じてこれまで数えきれないほどの看取りに立ち会ってきた。その中で感じたのは、「死」の準備や「死」を巡る選択、さらには「死」の瞬間そのものを隠すことなく後の世代に伝えることの大切さだった。それこそが、次の世代が自らの生や死について考える貴重な教育的役割を果たすからだ。

「出産のときや結婚するときは準備するのに、なぜ亡くなることに対しては準備しないのかなと思うんです。今の高齢者には、自分はどうやって死に対して向き合うのか、死に様を見せてくださいと言いたい。生き様を見せてきたんだから、死に様も残された私たちに見せてほしいんです。そうしないと、50代以降の私たちの世代に『死』に対してどう向き合えばいいのかという感覚が降りてこないんですよ。死の準備をすることで、それにかかるお金も明確になるし、どう生きて、どう死ぬのかという自分の死生観を考えることにもつながる。結果的にそれが人に迷惑をかけないということになると思うんです」

つまりこれからは、どんな生き様や死に様を見せるか、自分自身で意識的に選択し、意思表示をする必要があるということだ。そんな中、LMNのように自らのエンディングをコーディネートし、それを実現してくれる団体は、これから益々需要が増すに違いない。

孤独死した当事者は遺された者のことを考えられない

これまでに何度も書いてきているが、私たちは地域の共同体が崩壊した後の世界を生きている。コミュニケーションの空洞化を補うために、IT技術を駆使した各種「見守り」サービスが登場してきた。

例えば、10年前に妻と死別した60代後半の男性がいるとする。この男性は山登りが好きで、定年退職後、大学の山岳サークルのOBたちと週に一度は飲み会を開いている。ただし、地域との接点は両隣の老夫婦とたまに立ち話をするくらいで、病気で入院するときには事前に知らせに行ったが、それ以上の付き合いはない。一人息子は地方に赴任しており、2～3か月に1回電話で話をするくらい。このようなケースでは、男性は社会的には孤立はしていないが、急病で倒れた場合に、最大5日～6日は発見されない可能性が高い。「趣味縁」でつながっている人との定期的な会合に来なければ、「何かが起こった」と思ってもらえるかもしれない。だが、これでは危機管理としてはNGだ。なんらかの見守りサービスを利用しなければ、孤独死は防げないだろう。

神奈川県で孤独死の案件を多数扱う葬儀会社、神奈川こすもす（現・葬儀のこすもす）の代表・清水宏明さんは、孤独死は結局、生前の暮らし方に原因があることに気付いた一人だ。同社が取り扱う案件の中で、身内の遺体の引き取り拒否が増えているという。

引き取り拒否にあった遺体は、行政の福祉事務所の依頼を受けて、業者が火葬する。同社はどんな死も必ず公平に扱い、お金が少なくても葬儀を依頼されたら断らないというポリシーを持っている。そのため、たとえ原価割れをしても葬儀を行ってきた。

民法では6親等以内の血族が親族という位置付けだが、体感としてこの範囲が急速に狭まっていると清水さんは感じている。たとえ遺体の引き取りは拒否しなくても、「身寄りのない人が亡くなったんで、お葬式をお願いします」と言う甥や姪などからの火葬の依頼が急増しているからだ。

「身寄りがない人っておっしゃるけど、あなたは親族ですよね？　と突っ込みたくなります。でも今の人は自分が会ったり、面識がある人までが身内という考え方に変化しているんです。これが現代の一般的な『親族』の感覚に近いんです。そうすると、たとえ身内で孤独死があっても、なんで突然亡くなった『他人』の葬儀費用を持たなきゃいけないんだということになって、遺体の引き取り拒否につながってしまいますよね」

突然降って湧いたかのように、ほとんど、もしくは全く会ったこともない親族の火葬を押し付けられ困っている遺族がいかに多いか、その現実を如実に表していると言える。

「僕らの立場としてすごく感じるのは、(孤独死になることよりも)『生前どんなふうに生きていたのか』のほうが圧倒的に重要だということです」と重々しい口調で語った。

そこには、人生が当人にとって満足のいくものであれば、そもそも孤独死にはなりづらいという確信のようなものがある。

清水さんはそんな問題意識のもと、孤独死をなくそうと2013年ごろから数々の終活セミナーを開いてきた。そこで感じたのは、多くの人が自分の最期に無頓着だという現実だった。「こう言ってはなんですが、エンディングノートをしたためるのは、横浜でも山の手の人たち。孤独死とは無縁の、人間関係に恵まれている人が多いんです」。

つまり、葬儀社の立場から本当に必要性が高いと感じる、孤独死予備軍のような人たちには、自分の最期の備えの重要性について、届いていないのが実態だという。

「お葬式は孤独死でも発生するんですけど、当然ながら施主は本人じゃないんですよ。仮に孤独死したとして周りに迷惑をかけても、自分はもうわからないからいいやと思ってしまう。普通は自分だったら嫌だなと思って他人が嫌がることは止めようと思うわけですけど、そこに至るまでのモチベーションが全然ないわけですね。お葬式に関わることを生前にやる必然性は一つだけなんです。周りに迷惑をかけたくない。それだけ。でも、そもそも周りがいないからそういったこともやる必要もないということになっちゃうんです。身内がいたり、近親者がいたりすれば、その人たちに迷惑をかけたくない、という一心で努力するケースはあるでしょうけど、そんな大切な人がいないという時点で、そもそも自分の死後のあれこれを見つめることなんてできませんよね」

これはとても重大な問題だ。

自分に大切な人や生きがいがないと、それを維持するためのセルフケアすら成り立たない。最終的には、周囲を取り巻く人間関係はおろか、自分の生活や健康にも興味を失ってしまう。

「問題はどうやって孤立を防ぐのかということだと思うんですけど、そもそも学校で人生や人間関係で得られる豊かさを学んでいない。さらに老後をどう生きるか、死をどう捉えるかという教育もない。なんで人が幸せになるのかとか、どうしたら人として豊かに生きられるのかということを教えない。ここに一番の原因があると思うんです」

何を幸福に感じるかは人それぞれだが、一つだけはっきりしていることがある。

それは、終生誰とも触れ合わず、一切のコミュニケーションから背を向けた、孤立した人生が幸福であるはずがないということだ。最近流行のアドラー心理学では、人間の幸福について、「共同体感覚」という概念を挙げている。これは他人を仲間とみなして、「ここが自分の居場所だ」と感じられることを指している。

テクノロジーの進化は、親密な関係性をより親密にすることもできるし、親密な関係性に頼らず、ほどほどの関係性だけで安心して暮らすことも可能にするだろう。もっと細かい部分に立ち入れば、自分一人の時間と人と会う時間の配分を、持病などに左右されずに自由に決められるだろうし、セルフケアを含む自己防衛の徹底の一助にもできるだろう。

だが、テクノロジーをどう使うのかは人間に任されている。まず決めるべきは自分が「どんな人生を歩みたいか」だ。ＩＴが嫌だとか、「見守り」は人が良いとか、そういった個別具体的な話は、自身のライフプランが固まった後に選択されるものにすぎない。

第六章　「一人で生きること」と孤独死の間にある大きな溝

同僚の腐敗した死体が未来の自分と重なった

これまでの章で、孤独死にまつわる数々の現場を取材してきた。少しずつではあるが、一つひとつの現場から、解決の糸口が見えてきたように思う。第四章で見た住民流福祉総合研究所の木原さんによる「地縁」の活性化への取組みや、第五章のＩＴ技術など各種サービスを駆使した強固な見守りによって、何かあったときに早期発見することもできるだろう。最新ＩＴ機器を利用した見守りサービスは、現に様々な場所で行われ始めているし、これからさらに一般化が進んで安価になれば、それこそ全世帯で可能になるかもしれない。

しかし、それでも様々な縁から取り残されてしまう「孤立」の問題は依然、解決されないままだ。

一人で家で亡くなることが悲惨なわけではない。死後何日も、何か月も発見されないという孤独死は、その人が人生の最後に誰ともつながりがなかったことを表しているから悲惨なのだ。取材で特殊清掃を行う部屋を訪れて心が痛むのは、その人が幸せだったころの断片を感じたときだ。私が訪れた孤独死のあった物件は、比較的高齢男性のケースが多かった。そして部屋の中には、子供の写真がどこかにある確率が高かった。ある人は山積みの段ボールの中に、ある人の部屋ではリビングの居間にポツンと飾ってあった。どちらもセルフ・ネグレクトの要素が強く、部屋には汚物やゴミが散乱していた。

そんな部屋にいてふと頭をよぎるのは、もし家庭生活が続いていたら、この人はこんな結末を迎えなかったのではないかということだ。私は、その人が歩むはずだったもう一つの人生を想像して、何度も胸が苦しくなった。そもそも、セルフ・ネグレクトに陥っていたら、ITサービスの見守りという発想すら持てないだろう。それにはやはり、自分のことを気にかけてくれる「誰か」が必要なのだ。

ITの見守りが全世帯にできれば、助かる命もあるかもしれないし、遺体が腐敗する前に発見することはできるだろう。しかし、いくらIT技術が進化したところで、孤独死の前段階である「孤立」や、孤独死の8割を占める「セルフ・ネグレクト」の解決にはならない。

孤独死の取材を行う中で、私はそんな暗澹たる思いを抱き始めていた。

孤独死の解決策なんて、第一章で前田研究員が言った「セカンド小学校」のように、ある意味なんらかの強制の下でしか成り立たないのかもしれない。

これまでの取材を経て結局、自分自身で「縁」を探さなければ、孤独死の解決にはならないことがようやくわかってきた。

では、その「縁」をどうやって見つけたらいいのだろうか。

同じ孤独死を巡る状況でも、現在の高齢者とこれから高齢期を迎える私たち団塊ジュニア世代とでは、状況はおのずと違ってくるだろう。

「孤立」の真っ只中にいる若い世代の当事者たちは、自分たちの状況をどう思っているのだろうか。

私は、身近な友人や知り合いの不動産屋などを通じて、孤独死予備軍と言って差しつかえなさそうな人たちを紹介してほしい、とかなり無理な要望であることを承知で取材を申し込んだ。結果、不動産業者が孤独死予備軍に該当する住民に何度も電話しても出ないので、直接家に訪ねて行ってみたら死後1か月の状態で孤独死していた、という驚愕の連絡もあった。

そんな中私は、先輩ライターの知人である、中宮崇さん（46歳）という男性に出会った。

中宮さんは非正規雇用だ。そして、一人暮らし。さらにと言ってはなんだが、今まで一度も女性と交際経験がないと公言している。世間的な感覚から見ると、完全な孤独死予備軍である。

「孤独死していく同僚を見ながら、『僕も最終的にはこうなっちゃうのかな。誰にも気付かれずに、部屋の中で腐って死んじゃうのかな』と思っていました。猫町倶楽部と出会うまでは、そんな状態だったんです」

中宮さんはかつての自分を振り返って懐かしそうに語った。スキンヘッドにちょび髭といういでたちと、ときおり見せるチャーミングな笑顔がなんともアンバランスで可愛らしい。穏やかな性格と人当たりの良さから、人から頼られそうな雰囲気を感じさせる男性だ。

名古屋大学大学院中退という学歴の持ち主だが、金銭的に困っていた中宮さんは警備会社の日払いの求人広告を新聞で見つけ、そのままバイトで色々な現場で働くことになった。警備会社には、中宮さんのような単身の男性用に寮が用意されていた。

そこで目にしたのは、あまりに多い同僚の孤独死だった。しばらく仕事に来ないなと思ってアパートを見に行ったらすでに死体が腐っている。そんなことが、どの警備会社の寮でも当たり前のように起こっていたという。

何よりも、中宮さんが同僚たちに感じていたのは、誰もが孤独な状態であったということだった。不摂生な食生活を送っていたりアルコールの過剰摂取をしている人が多く、それは自らが抱える孤独感ゆえの逃避だと中宮さんは薄々感じていた。

中宮さんはそんな現実に驚きながらも、自分もいずれはこうなってしまうかもしれないという不安にさいなまれていた。親は北海道に住んでいてまともに連絡を取っていないし、普段顔を合わせるのはコンビニの店員だけ。彼女はおろか、連絡を取り合う友達だって一人もいない。もし自分に何かあっても、誰も訪ねて来てくれる人はいない。同僚の腐敗した最期の姿は、いつか未来に訪れる自分の姿と重なっていた。

自分も決して例外ではない、という恐ろしい現実――。

「自分もああやって、孤独感を抱えたまま、一人で死ぬんだろうな」そう漠然と感じていた。

中宮さんは、携帯の売買等でわずかながらのお金を稼ぐ方法を知り、警備会社も辞めた。

人との接触はほぼ皆無になり、昼過ぎから朝の4時までネットに入り浸る生活が続いた。中宮さんには、そんな自分の孤立した境遇から離れられる時間があった。それは「ネット右翼」「ネトウヨ」と呼ばれるような、右派的な主張をネットに書き込んでいる瞬間だった。インターネット上の「敵」を画面上で叩いているときだけ、今置かれている自分の状況を忘れることができた。

「本当に引きこもりで、周りとの接触がない。誰とも話すこともなく、ネットでのつながりしかない、という状態だったんです。それでどんどん家にこもっていった結果、2ちゃんねるやTwitterなどのインターネット上で排外主義やヘイト的な考えを主張することにつながっていったんだと思います」

しかし、そんな中宮さんには、大好きなことがあった。本を読むことだ。昔から中宮さんの家は蔵書に溢れていて、足の踏み場がないほどだったという。

中宮さんは偶然「猫町倶楽部」という読書好きが集まるサークルがあることを知る。たまたま自分の住む名古屋近辺で開かれる——。そんな情報を聞きつけ、猫町倶楽部に足を運んでみることにしたのだった。それが中宮さんの人生を一変させることになる。もしタイムマシンがあるしたら、6年前の自分を勇気づけてあげたい思うんですと、中宮さんは言う。

「お前は2年後、今とは180度変わった人生を歩んでいる。今みたいに孤独を感じることはなくなっている。だから大丈夫だ」と。

彼の人生を変えた猫町倶楽部とは一体なんなのだろうか。それが知りたくて、私は中宮さんに人生を180度変えたとまで言わせた、読書会に足を運んでみることにした。

読書会は自分語り

猫町倶楽部とは、2006年に発足した日本最大の読書会である。読書会とは、参加者が毎回課題本を読んで集まり、本の感想を話し合う場のこと。猫町倶楽部は最初は名古屋でスタートしたが、年々その拠点を増やし、今では東京、大阪、福岡、金沢と開催場所を広げている。

参加の条件は、たった一つ。課題となった本を読んでくること。それさえクリアすれば、参加者の年齢も経歴も問われない。そのため参加者は、下は中学生から上は70歳近い高齢者までと幅広い。課題となる本も、哲学や思想書など硬めの本から、ビジネス書、エッセイ、小説、はたまたボーイズラブや性愛に関するジャンルの本まで多岐にわたる。これもまた、多種多様な人種が集まる理由の一つらしい。

2016年11月26日、私は中宮さんに誘われて名古屋の栄駅からほど近いカフェを訪れた。申し込みはすべてネットで行う。受付を済ませると、参加者には名前の書かれたプラカードが渡される。一つのテーブルを6人〜8人が囲み、全部で50人ほどが参加する。今回の年齢層も、ざっと見た感じで20代から60代まで、男女比は半々といったところだろうか。

今日の読書会の課題本は、紫原明子さんが書かれた『家族無計画』という本。

紫原さんはエッセイスト。インターネット上でスキャンダラスな話題を振りまき、しばしば「炎上」を起こしてきた若手起業家、家入一真さんの元妻である。この本は、18歳で結婚・出産し、夫のキャバクラでの豪遊や浮気などに見舞われ、その後、シングルマザーとなり、初めての仕事に直面するといった、いわば一人の女性の奮闘記である。

まず主催者から「他人の意見をそれは違うと否定しないこと」という、読書会で唯一と言えるルールの説明がある。早速各テーブルで話し合いが始まる。そこには満面の笑みを浮かべて、生き生きとして発言する中宮さんの姿もあった。

私も一つのチームに参加させてもらうことにした。各テーブルに進行役はいるものの、基本的には自分が本について思ったことをざっくばらんにしゃべるというスタイルらしい。このテーブルは、最初だけ指名制で全員が本についての感想を言い合うことになった。

「この著者の方の旦那さんは、浮気したりキャバクラに行ったりして破天荒ですよね。真っ先に、なんですぐ別れないんだろうと思ったんです。でも別れなかったのは、子供の存在が大きいんだなと思いました。子供にとっては、どんな父親でも父親なんだと思ったんです。私自身は結婚もしていないし子供もいないし、結婚に対して良いイメージも持っていなかった。それでも、自分にとって子供のような大切な存在がいることが、自分の人生に与える影響って大きいんだなと考えさせられました」

この女性は独身で子供もいないらしく、著者がなぜ浮気をする夫と別れないのか、理解に苦しむところがあった。しかし、どんなひどい父親であっても、子供にとって父親は特別な存在ということがわかったという。まだ未婚の立場としては、未知の世界でもある家庭生活のことを考えるきっかけになったという。

次は、女性が指名した男性が本について語る番だ。

なんとも正統的な読書会といった雰囲気だと思っていたが、ややぽっちゃりした男性は突然こう口火を切った。

「あのー、ノーパンノーブラで外に出て行ったら気付くよね。ノーブラだったら外に出かけても気付かないかと思うけど、さすがにノーパンだったら気付くよね」

男性の名誉のために（？）補足すると、今回の課題本は、かつては品行方正だった著者の紫原さんが、慌ただしい主婦生活の真っ只中、長男を車で送り届ける際に、自分のノーパンノーブラにはたと気付くというシーンから始まるのだ。

男性はどうやらこのことを言っているらしい。それにしても、いきなりの変化球に場が一瞬凍りついた……ような気がしたが、それは私の気のせいだった。

「確かに、そこすごく気になった！」ともう一人の男性が同調する。それに気を良くした男性は、「ノーパンノーブラで外に出て行って気付かないものなのかな？　とそこをみんなに聞いてみようと思ったんです。あの、ノーパンで出て行ったことある人いますか?」と、いきなり話が別方向に急展開した。私もこれには正直ズッコケそうになった。あれれ、読書会ってこういうものなのか。

「僕、ジムのプールに行った帰りとか、ノーパンだったことがありますね。あと、僕、ブラジャー着けたことも何度かあります。残念ながらそっちの性癖はないけど」

「僕もブラジャー着けたことあります。胸のぜい肉があるので揺れるんですよ。ブラ着けたほうがいいんじゃないかと思っていて。男なんですけど、やっぱり肉がすれて痛いから着けたほうがいいのかな、とか。

なんとも言えない笑いが起きる。さらに一通りメンバーが感想を言い終わると、話題は著者の紫原さんが、夫がハマったキャバクラに激怒し、どんなものか自らも行ってみた、という内容へと移る。ここで、先ほどノーパンノーブラに反応していた男性がまた口を開く。

「僕は彼女がいるんですけど、僕自身は浮気したり、キャバクラに行ったりするのはすごく嫌なんです。でも彼女は割と浮気をするのは肯定的なので、よくそこで喧嘩しますね。だからこの本にはとても共感できました。もう一つ、僕は今40代半ばなんですが、昔はもうこの歳だと孫がいてもおかしくないと思ってたんです。でも、いまだに結婚もしてなくて、思っていた40代とは違う。でもこの本を読んで、自分の生き方もそれはそれで楽しいし、これでいいんだと思いました。ただこの本でも感じたけど、外からのノイズを入れていくのは必要。家の中は安全だけど、外に出ないと出会いはないんだと感じたんです」

このように、読書会で話されていることは、入り口は本の話であっても、最終的には自分の普段抱えている悩みの話に展開していくことがほとんどである。自分自身も一参加者として加わって、やはりいつの間にか自分のことをしゃべっていることに気付いた。それでも、このチームは、まだ本の話に沿っているほうだ。

もはや完全に本の内容から脱線しているチームもある。

このチームでも、やはり気になるのはキャバクラのシーンらしい。

「この本の中で、著者がキャバクラに行く場面があるので、ぜひ男性にキャバクラの面白さを聞きたいんですよ」

着物を着た60代と思われる「しののめさん」という名札を付けた女性がこう切り出す。チームに2人いた男性陣はタジタジである。お構いなしにしののめさんは言葉を続ける。

「弟がランパブに行ったらしくて、その話を聞いたことがあるんですよ」

「……よく姉弟でそんな話をできますね」

「私たち姉弟って、なんでも話せるんです。そこで聞いた話だと、ランパブもキャバクラと一緒で飲み放題3000円とか、最初の30分間は安いらしいんですよ。安く上げるコツは、30分で切り上げることらしいんです。延長すると一気に高くなるんですよ。でも、30分くらい経つとお姉さんがキャミソールを脱ぐらしいんです。それで帰れなくなるパターンがあるらしくて。気持ちがぐらついちゃう男性は危険らしいですね」

突然しののめさんに話を振られ、真面目そうな20代と思われる男性が即答する。

「……多分そういうところ、近寄らないと思います、僕」

しかし、女性はそんな男性にこう返す。

「でも、そういう経験もしたほうがいいんじゃないですかね」

明らかに男性は困ったようにこう答えた。

「……そうですね。経験として行ってみるのはいいかも。それでつまらないならそうかと思うし」

なっ、なんだこの展開は！　と思っていたら、もう一人の男性がこう答えた。

「僕は会社で男性を接待するんですけど、結構ハマっちゃったりする人もいるみたいですよ」

その後、しののめさんから、ニューハーフバーで本気でキャストに恋をした老年男性の話が飛び出し、今日の課題本とは全く関係のない話へともつれ込んでいく。こんなに本の話から脱線していいのだろうかとかなり不安になるが、それを誰も軌道修正しようとはしないし、聞いていてなんとも面白くてたまらない。多分、読書会の本当の面白さはこういうところにあるのだ。

話がひと段落したところで、ようやく本の話に戻った。20代の女性が口を開く。

「私は彼氏もいないし、結婚するにあたって参考になるところがありましたね。まずは浮気しない人を捕まえようと思いました」

しかし、そこにまたしののめさんが飛びつく。

「でもそれって、浮気するかしないかは読めないと思うんですよ。人間って変わるから、この人は絶対に浮気しないということはないんですよ。絶対ということはないんですよ。それだけは言えるかな」

そして、もう一人の男性も口を開く。

「確かに、自分でもどうなるかわからないのに、相手がどうなるかなんてわからない」

「いい人でも、その人がこれからどんな人と出会って恋に落ちるかわからないし、それが悪いことだとは言えないですよね」

ゆるく巻いたロングヘアが可愛らしい20代のおっとりした雰囲気の女性が少し悩んだようにこう切り出す。

「あたし、結婚を考えて誰かと付き合おうと思うと、マイナスの評価で始めちゃうんです。だから誰かと付き合うと、次第に相手の悪い面が見えてきて、ハードルが高い。だけど、人間関係をあまり重く考えずに、とりあえずこの人……くらいに思ってるとハードルが下がるかもしれないって思ったんですよ」

それに同世代と思わしき若い男性が相槌を打つ。

「だけどその先の結婚となると、一生モノという前提があるから、踏み込むのに慎重になる面がありますね」

ここでしののめさんが思わず口を出す。

「でもね、テレビでマツコ・デラックスさんの番組を見ていたら、20代〜40代の独身の男女に向かって、まず一人は付き合う人を確保しようよって言ってて、私もそうだなと思ったんです。30代でつかめないと、30年くらいすぐ経っちゃう。60代でも女性と付き合ったことないって人がいるんですよ。60代でそうなったら自分から積極的に行けなくなっちゃうんですよ〜」

それは実体験に基づいたものらしく、さすがに迫力がある。しののめさん、恐るべし。

それに対して、やはり結婚に関しては色々と思うところがあるのか、ロングヘアの女性が口を開く。

「結婚は大事だと思うんですけど、だからと言って夫だけに頼るのも苦しいし、一人で自立して生きていくのだって苦しい。夫しか頼る人がいないんじゃなくて、この本にもあったように、色んな拠り所があるのが自立だと思うんですよね。結婚を急ぐと、ほんと辛くて、疲れます！」

まるでうなだれるかのようにそう言い放った女性。

どうやらこの女性は未婚で彼氏もいないらしいのだが、そういった立場ゆえの悩みがかなり根深そうに見えた。この言葉には、周囲からのプレッシャーに対して普段は口にできない反発がかなり込められている気がした。

しののめさんは、そんなプレッシャーに苦しむ若い女性の言葉を引き継ぐかのように、突然「男性は女性を美化しているような感じが多いと思うんですよね」と切り出した。しののめさん、どうやら普段から男性への不満があるようだ。それに対して、先ほどの若い男性が口を開いた。

「僕、男兄弟しかいないので、正直女性の隠れた面が見えないんですよ。普段の女性の生活を知らないから、汚い部分が見えない。自分に姉妹がいるかいないかというのも大きいと思うんです。だから美化していると言われても、そもそも何を美化しているのかがよくわからないんですよね。普段会う女性の顔しか知らないので。そういう環境の差はある気がするんです」

この男性の意見は、男性の立場からすると、比較的正直な意見だと思う。それに対して、しののめさんは強烈な一撃を放った。

「なんにしてもまず男女関係を進めるには、付き合うことですよね。相手を知るためには付き合うしかないじゃないですか!」

いつの間にか男女は付き合いをしてからすべてが始まるという結論を突きつけるしののめさん。一同が困ったような笑いを浮かべたが、私はしののめさんが言うこともある意味、本質的な説得力があると感じないわけにはいかなかった。確かに、恋愛関係には踏み越えてみなければわからない一線というのはあると思う。しかし、ロングヘアの女性は、まるで年上のしののめさんに悩みを打ち明けるかのように訴えた。

「付き合ったら面倒くさいじゃないですか。その一歩が踏み出せないんです。そもそもこまめに連絡をとって、休日の約束を取り付けてということもめんどくさい」

「うーん。やっぱり、男も女も放置がいいと思いますよ。縛っちゃだめぇ」としののめさん。

「そうすると、この本みたいに夫が浮気しまくる人になっちゃう」

男性の最後のツッコミには一同大爆笑。

私も釣られて一緒になって笑ってしまう。60代のしののめさんの存在感によって、まるで人生相談のような体を成したこのチーム。巡り巡ってようやく話が課題本に戻ってきたのがなんともおかしい。

私はここでようやく気が付きつつあった。読書会とは、自分の持っている知識をひけらかす場ではない。初対面の人同士が、世代にも性別にも囚われずに、思い思いに自分自身を語る場なのだと。ここで繰り広げられるのはたわいもない会話であるが、それこそが心地良いことなのだ。そして、誰もそれを否定せず受け入れる。その雰囲気こそが魅力なのだと。

女性を美化しているという問いかけに対して、自分を取り繕わずに返答をする男性もある意味、ストレートな魅力に溢れている。しかし、それは自由に発言することが許されるムードがあって初めてできることでもあるのだ。

読書会終了後、お決まりの懇親会が始まった。同じ空間で、そのままDJイベントも開催されるのだという。読書会は2時間で終わったが、その後は読書会で仲良くなったもの同士がまったりと語り合うのだ。

本の話の続きに熱心に興じるテーブルもあれば、親密になっている様子の男女の姿もある。今回はゲストとして著者がいらしていたので、著者とゆっくり語り合っている人たちもいる。約半日、一つの空間に年代も性別も異なる多種多様な人々が集まり、話したいことについてとことん語り合う。そこには読書会というある意味、非日常の空間をともにしたもの同士の微熱があった。なんとも言えない濃密な時間とカタルシスがあった。

ふと私が一人でボーッとしていたら、「こっちに来て一緒に話しませんか？」と女性が声をかけてくれた。そういった人への気遣いが自然と出来上がっていることに私は感心させられた。

このような場所を作り出しているものの正体は一体なんなのだろう。私はその見えない磁力の正体が知りたくて仕方なくなった。

姿を見せなかったら心配してくれる人の存在

先ほどの読書会で強烈なキャラクターを放っていた、しののめさんに話を聞いてみた。失礼ながら見た目では、今回の参加者の中では最高齢に見える。

お話を聞くと、しののめさんは61歳の独身。つい最近まで病院でヘルパーをやっていたが、現在は無職とのことだった。友達からあなたは本を読むだけではもったいないと言われて、10年前から猫町倶楽部に参加している。市の生涯学習センターでエッセイを書く会に入ったこともあったが、高齢者の割合が多かったためか、自分のエッセイを理解してもらえないことが多かったという。

「歳をとると、どうしても考えが固定化しちゃうんです。私たちの年代に比べて、若い人は柔軟ですよね。ここは若い人が多いから、そんな考え方もあるんだなと勉強になるんです。あと、歳とるとお化粧もしたくないとか、だんだん外に出るのが面倒くさくなっちゃうんですよ。そういうふうに閉ざしてしまうのは絶対良くないと思うんです」

しののめさんは読書会への参加動機についてこう語る。

ヘルパーをしていたときに、訪ねて来る家族も友達もなく、病院で誰にも看取られずに亡くなっていく男性を見てきた。人付き合いもなく、身寄りもいない、孤立している同世代がたくさんいる。だからこそこういった会に積極的に参加しているのだが、周りの同世代で読書会に参加しているのは自分一人だけだという。

「やっぱり自分で人との付き合い方を変えていかないといけないんだと思います。歳とってからも新しい体験をどんどんしなきゃ。慣れ切ってる人間関係だけで満足してたらダメなんです。この人面白そうだなという人を見つけて、自分から話しかけていかないと、この歳になると人間関係が広がらなくなるんですよ」

しののめさんは、高齢期の人とのつながりについてそう力説する。今まで孤独死の取材をしてきた身としては、しののめさんの体験に根差した言葉の一つひとつが納得できるものだった。

スタッフとして中心的に参加していた別の女性にも話を聞いた。

千秋さんは、猫町アンダーグラウンドイベントのスタッフをしている。猫町アンダーグラウンドとは、その名の通り耽美でアングラなＳＭやフェチなどがテーマの読書会で、これも猫町倶楽部の一分野なのだという。

千秋さんは猫町倶楽部の本部の近くに最近、住居を移した。その理由とは何なのだろうか。

現在は無職だが、つい最近までは派遣社員をしていた。もともとの出身は東京。前の彼氏が北海道から名古屋に引っ越すというので一緒についてきた。その後、彼氏とは破局。名古屋には知り合いがおらず土地勘もなかったので、猫町倶楽部の本拠地である名古屋市藤が丘に引っ越したのだった。代表の山本多津也さんの会社が歩いて10分くらいのところにあるし、猫町倶楽部の会場も近い。そして、周囲には猫町倶楽部のメンバーが何人も住んでいる。

「猫町倶楽部がなくなったら、私の人間関係はゼロになるんだなと思う。そういう意味では、孤独死防止のリスクヘッジにもなっていると感じますね。最近、急に来なくなる新入社員が普通にいる時代ですよね。会社の人が家まで訪ねて来てくれるような人って、よっぽど信用されている人だけだと思う」

実際に、千秋さんの友人にも孤独死して何か月も発見されなかった人がいる。一人暮らしの千秋さんにとって不安はつきものだ。何かあったときに気付いてもらえないんじゃないか。私、どうなるのかな、そう思うこともある。そんな中、猫町倶楽部のアングライベントは年に3〜4回開催されている。千秋さんはそれをリーダーとして取り仕切っているため、猫町倶楽部に関わっている限りは孤独死の不安などはないという。

「もし私の身に何かあれば、なんで今日来ないんだ？ってなるじゃないですか。来なかったら絶対見つけてもらえるから、スタッフになっていて良かったと思ったんです」

猫町倶楽部がなかったら、もし何かあっても、発見されないかもしれない。しかし、それは千秋さんだけではなかった。再び中宮さんの話に戻ろう。

孤独死しないのは孤独じゃないから

「猫町倶楽部に参加して昔と一番違うのは、孤独じゃなくなったことです。今のところ、孤独のうちに老後を迎えて死んじゃうだろうな、という恐れは全くなくなりましたね。本好きの人は僕みたいにコミュニケーションが苦手な人が多いんですが、そういうタイプの人は絶対楽しくなるし、将来孤独じゃなくなるからおいでよとよく言うんですよ」

そんな中宮さんも、読書会に入った当初はそうではなかった。

人とうまくコミュニケーションを取れずに、インターネット上の論争のように上からモノを言ってしまう。ネットでの攻撃的なコミュニケーションは、容易には修正できなかった。そもそもどうすればいいのかさえわからなかったのだ。参加者に嫌われて1年間、誰ともしゃべれないという辛い時期が続いた。

「どうせ誰とも話してもらえないし、この孤立の状態というのが永遠に続くと思ってたんです」

読書会では最低限の会話しかしてもらえず、2次会や定例会に参加しても誰も話しかけて来なかった。自分から話しかけるのは怖いので、結局一人ポツリと立ちつくしてしまう。

しかし、そんな中宮さんに根気強く接してくれた人が一人だけいた。

猫町倶楽部主宰の山本多津也さんだった。多津也さんは、中宮さんの存在を全面的に受け止めた。どんな人間でもここでは排除させない。それが多津也さんのポリシーだった。多津也さんは中宮さんに付き添って話相手を買って出るだけではなく、コミュニケーションの仕方などに関して、その都度色々とアドバイスをしたのだという。

中宮さんは、そんな多津也さんのサポートもあって、徐々に猫町倶楽部に打ち解けていった。

猫町倶楽部に参加して2年目。中宮さんはクリスマスの夜に名古屋の高級ホテルのスイートルームを貸し切って、クリスマスパーティをすることを思い付いた。主宰の多津也さんが同じように、よくホテルでパーティをしていたからだ。それにならって、自分もやってみようと思ったのだ。しかし、自分なんかが企画しても、クリスマスの夜に誰がやって来るのだろうか。どうせ誰も来ないに違いない。それならそれでいい、誰も来なかったことをネタにして、みんなに笑ってもらおう。中宮さんはそう思っていた。

「女性と付き合ったことがなくて、コミュニケーションに問題がある男性は割とそうだと思うんですけど、みんな自分には価値がないと自己卑下・過小評価している面があるんです。自分は女性を喜ばせるスキルなんか持っていないと勝手に思い込んでいるんですよ。その一方で、自分を過大評価している面もあって、非常に面倒くさいんですけど(笑)。

当時の僕も、主宰の多津也さんだと何をやっても人が集まるのに、俺がやってみたら誰も来なくて、結局一番高いスイートに一人で泊まることになる……。そんな卑下した気持ちから始めた企画だったんです。そしたら当日、女の子も含めて20人くらい来てくれて、そのうち3人が泊まっていってくれたんです」

俺、夢でも見てるのかな、と思いましたねと、中宮さんは当時のことを振り返って、ふいに目を潤ませた。

今までずっと一人で過ごしてきたクリスマス。面白かったりカッコいい男性がイベントを企画するから人が来るのであって、自分が企画しても誰も来ないんだろう、ずっとそう思っていた。しかし、そうではなかった。

中宮さんが猫町倶楽部で得たのは、自己を肯定してくれる他者という、かけがえのない存在だった。

こんな話もある。猫町倶楽部の仲間と喫茶店で地元の手料理の話になった。中宮さんの地元の北海道では、唐揚げの一種であるザンギという郷土料理を日常的に食べている。

ザンギを食べてみたいと言われて、中宮さんが料理の腕を振るうことになった。

「こんな男の手料理に女の子や他人を喜ばせる力があるなんて、今まで自分では思ってもみなかったんですよ」

それすごいね、面白いねというふうに言ってくれる人がいる。そこで中宮さんは、そうか、自分には価値がないと思っていたけど、こんなことでも喜んでくれる人がいるんだと感じたのだ。

「そんなことがいくつもあって、もしかしたら自分にも何か生きている価値があるかもしれない。それなら、もっともっと自分をさらけ出していこう、そういう意識になってきたという感じですね。人を喜ばせることができるんだということを実体験できたんです。それが自分を見つめ直すきっかけになりました」

そのザンギ会は今も数か月に一度、継続的に開催している。そして、それを見た中宮さんと同じようなコミュニケーションが苦手な男性たちの間で、手料理を仲間たちに振る舞う催しがブームになっているのだという。

また、読書会で知り合った人たちに初めて自分の誕生日会をしてもらったことも、中宮さんにとって忘れられない体験の一つだ。それまでずっとパーティのようなものを馬鹿にしていたが、いざ自分が祝ってもらえる立場になってみると、心地良くて悪くないなと素直に思えた。そして、何よりも嬉しかった。

それまでは一人も友達がいなかったので、人のために何かをあげたいとか、贈りたいと考えたことなんて一度もなかった。しかし、そういった体験から少しずつ、他人を思いやれるようになっていったのだという。

中宮さんは急激に変わっていった。

そして、猫町倶楽部が心の拠り所となっていく。しかし、それは自分だけじゃないんですよと中宮さんは言う。読書会に参加して、中宮さんのように人生が変わった人たちは、他にも無数に存在するのだという。

「僕の住んでいる名古屋駅近くに、自転車で行ける範囲に20人ほどの人が引っ越してきたんです」

中宮さんは事もなげにそんな話をする。千秋さんのように猫町倶楽部で作り上げた人間関係に絡んで、猫町倶楽部のある本拠地に引っ越す人は少なくない。当然、引っ越しには個々人によって就業先などの色々な理由があるだろうが、その一つに猫町倶楽部の仲間と近くにいたいと思う人が多いのだという。それは、住居を移したいと思わせるほどに、猫町倶楽部にコミュニティとしての吸引力があるということなのだ。

猫町倶楽部の読書会がここまで磁力を持ち得ているのは、中宮さんのザンギ会のように、読書会から発生した人間関係が継続するところにある。読書会から派生したゆるいコミュニティが次々と生まれているのだ。

名古屋に限定すると、公式の読書会はだいたい月2回。中宮さんによると、それとは別に非公式で「近所会」が開かれるという。「近所会」とはその名の通り、読書とは全く関係がなく、近所に住む者同士の集まりのこと。中宮さんの家の近所に住んでいる人たちで、週に2〜3回は平日の仕事帰りに飲みに行ったり、比較的広い部屋を持っている人のところに集まって、週末や休日に食事をするという。そこで話される内容は、「誰と誰がくっついた」などといった、いわば井戸端会議そのもの。こういったゆるいコミュニティは、読書会の後の雑談タイムから派生し、無数に存在しているのだという。

「読書会に入ったのに、逆に読書の時間が減ったんですよ。昔に比べて、堕落したなぁと自分でも、ちょっと思うんですけど」と、中宮さんは嬉しそうに苦笑いする。読書会に入る前までは、することといえば家で読書かネットだったが、読書会に入ったことで食事に誘われたり、仲間で映画に行くなど、読書以外にも時間を割くようになった。読書以外の人付き合いが楽しくなったからだ。

猫町倶楽部が他の読書会と全く違うのは、猫町倶楽部は知識をひけらかすマウンティングの場ではないということだと中宮さんは語る。

「他の読書会に参加する人たちに比べると、たぶん読書量も少ないですし、語られる内容もそれほど深いものではない。ところが、それがいいんですよ。本の話はそれほど深くないかもしれないけど、参加者の人たちは、僕が経験していない毎日の会社勤めの話とか、人付き合いの葛藤とか、自分の生活に根差したことをしゃべってくれる。そこに新たな気付きがあって面白いんです」

例えば、ビジネス書の読書会だと、「ここに書いてあることはうちの職場でもあって、こういうふうに解決したんですよ」と経験に基づいた話が聞ける。

「コミュニケーションが楽しいというよりも、自分にはない色々なものが得られる。自分自身への気付きとか、相手から何かを教えてもらったり、好奇心を満たせる要素があるから面白いんですよ。自分がこもっていた狭い世界以外の、プラスアルファの部分の楽しみを教えてもらったことも、とても感謝しています」

今まで中宮さんが興味がなかったアートや音楽の世界も、読書会で出会った人たちが「こんな楽しみもあるよ」と教えてくれたものだ。そこには、新たな驚きや発見がある。

しかし入り口として、やはり読書は必須なのだろうか。中宮さんによると読書は苦手だが、こういった近所会のような井戸端会議にだけ現れる参加者もいるという。ここに、猫町倶楽部から派生したコミュニティの懐の深さがある。そこには人とつながりたいという欲求があると思う。

「必ずしも、読書会に来なくてもいいんですよ。読書会に来ないで喫茶店の雑談会に来るような人もいるんですよ。だから読書が嫌いでも、逃げ道はあるんです。同じような人はいます。例えば、うちの読書会には無類のフィギュア好きがいるんですが、『コスプレイヤーなので、写真撮って』という人もいるんです。趣味が読書じゃないから、フィギュアだからといって嫌われるということはないんです」

中宮さんは公式の読書会は皆勤。さらにこういった近所会にも毎回参加している。その他にも、村上春樹好きから派生したマラソン会、手芸会、美術館めぐり、ナイトズー（夜の動物園ツアー）など、何かしらのイベントが名古屋では開催されている。月一度開催される料理会では、日曜日の昼からみんなで料理を作って、ゲームなどに興じる。それにも様々な年代が参加して、交流が生まれるという。また、猫町倶楽部では毎年温泉宿に一泊二日で泊まりの読書会がある。

「そこで70代も10代も、みんな交じって読書会をやるんですよ。そのうち酒も入って、いつしか本の話はしなくなって、誰と誰がどうだという話になるんです。それがまた面白いんです。おじいちゃんや10代の子もいるんですが、なんの違和感もないんですよ。みんな楽しそうにしゃべっている。そんな経験ができるところはどこにもないですよね。もちろん、男女の仲になって、あの2人が消えた！　と騒がれたりもする。雰囲気は、カオスな大人の修学旅行といった感じですね」

もはや読書とはなんの関係もないコミュニティだと言える。しかし、ここが猫町倶楽部を支える根幹の部分でもある。そこにあるのは、誰かとつながりたいというコミュニケーションへの渇望、欲求なのだと私には感じられる。

ここまで濃密な読書会の行きつく先はなんなのだろうか。

中宮さんは読書会に入って6年目だが、読書会自体は発足して10年目なので、初期のころに結婚したカップルには子供がいて、第二世代が誕生している。

「例えば、僕みたいな家族やパートナーを持たない人間がシェアハウスに住んで、子持ち夫婦も来て、両親とも仕事に行ってるときに、僕がその子供の面倒を見る。そういう形態もありじゃないかという話になったんですよ」

まだ実現はしていないものの、何度もシェアハウスの構想は出ているという。

中宮さんは今の自分が置かれている状況では孤独死はないと断言する。

「これだけ色々なところに顔を出していると、『えっ？ 中宮さん、今日来てねえぞ、やべえぞ。誰かちょっと家見に行ってこい』ってなりますよね。確認する手段はTwitterだけでなくて、メンバーの一部は電話番号や自宅も知ってるんです。今は、僕がそういうとこに行かないとなると、心配になって誰かしら来るでしょうね。そういう関係が今はできたんですね。だから、孤独死とかありえないですね。猫町倶楽部で、環境が劇的に変わったんです」

確かに、これだけ色々なイベントに参加していては孤独死のしようがない。しかし、それは中宮さんが楽しそうなイベントに参加しているからではない。中宮さんが猫町倶楽部に入って一番変わったのは、孤独ではなくなったことなのだ。

一人暮らしでも助け合いの関係は築ける

中宮さんの変化は近所付き合いにも表れた。中宮さんは、10年以上も名古屋駅近くのアパートに一人で住んでいる。

今までも挨拶程度はしていたが、読書会に参加するようになって、初めて隣の老夫婦におすそ分けをしてみようと思い立った。毎年、年末になると実家の北海道から果物を送ってくるのだが、いつも食べ切れずに腐らせていた。もしかしたら、おすそ分けしたら喜んでくれるかもしれない。そう思う精神的な余裕が自然と出てきたのだ。今ではアパートの8世帯全員とお付き合いがあるという。

「読書会に参加する前までは、人付き合いの場面ではまず、嫌われたらどうしようとか、僕みたいなハゲで頭つるつるの奴がいきなり訪ねてきたら怖がられるんじゃないかとか、ネガティブなことを最初に考えてしまっていたんですね。だから隣同士ともお付き合いがない、そんな感じでした。でも、初めてお隣さんに『実家から送ってきたけど、どうですか?』とおすそ分けしたときに、『ありがとう』と言ってもらえて、ああ、自分も人に喜んでもらえるんだと思ったんです」

それからは、お隣さんも中宮さんを頼るようになった。地デジへの切り替えをやってあげたり、パソコンの設定をしてあげたこともある。その度に中宮さんは感謝された。ある日のこと、夜中の2時ぐらいに下の階の男性が隣人の家に怒鳴り込んでくる声がした。「さっきからうるせえんだよ！」

下の階の住人は、刑務所帰りで知られる近所でも問題のトラブルメーカーの男性。たまたまその時間に家にいた中宮さんは、思わず外に飛び出した。

「お隣の方とは顔見知りだったので、だったら自分が何か役に立つかもしれないと思ったんです。それで『あっ、ごめんなさい。ひょっとしたら僕のトイレの音かもしれない』と2人の間を取り持ったんです」

結果、中宮さんが仲裁に入ったおかげで2人は、お互い音には気を付けようということで、その場を収めることができた。

しかし、また別の日、この男性が問題を起こした。自分の家の前にゴミが出されていると憤慨したのだ。男性はその犯人を突き止めようと、一階の101号室から順に呼び鈴を鳴らして怒鳴り込んでいる真っ最中だった。そこに偶然中宮さんが出くわした。中宮さんはすぐに「どうしたんですか？　まあまあ落ち着いて」と間に入って一通り事情を聞き、事なきを得た。猫町倶楽部に入って以降、困っている人を見ると、見て見ぬふりができなくなったのだ。

「昨日、電車に小さい女の子を抱いたお母さんが乗って来たんです。気が付いたら『良かったら席、座ってください』って、自然と言葉が口から出ていたんです。今までだと、重そうだなとか思っても、嫌われたらどうしようという思いが先行して、気になっていても声を掛けることができなかったんです」

健康面についても予想外の変化があった。

中宮さんは脳梗塞の家系で、中宮さん自身も6年前に倒れて入院したことがある。さらに糖尿病も患っている。読書会に参加する前まで不摂生な生活をしていたのも原因の一つだ。家に引きこもった生活をしていると、どうしても好きなものだけを食べてしまう。そんな状況をなかなか修正することができなかった。しかし中宮さんは、読書会に足繁く通うようになって、どんどん体がシェイプアップされていった。

「以前に比べて『痩せたね』と言われることが多くなりましたね。読書会で2次会や会合に行くときだけは、みんなとワイワイ好きな物を食べるんですが、家にいるときはできるだけ健康に良いものを食べる。また、食べ過ぎないよう節制もしています。そういうメリハリが自然と付くようになりましたね。読書会がなかったら引きこもったままで、好きな物だけ食べる生活はとても改善できなかったと思います」

読書会で開催している週2回のお茶会のうち1回が日曜日の朝9時スタートなので、6時に目が覚めてしまう。それに引きずられるようにして、毎日同じ時間に起きる癖がついた。夜12時になると眠くて仕方なくなる。引きこもりで生活のリズムは昼夜逆転していたが、読書会に入ったことをきっかけに自然と今のリズムができたのだという。

「僕は、40歳になって初めて友達ができたんですよ。この間、45歳の友人がしみじみと『この年になって、新たにこんな友達ができるなんて思わなかったよ』と言っていました。猫町倶楽部では、友達を作るのに年齢を意識する必要は全くないですね。ずっと引きこもっていてコミュ障的な人間だったのにもかかわらず、48歳になって20代の女の子と結婚する人だっているんですから」

確かに、話を聞いたしののめさんは60代だったが、70歳近い高齢者で、それまでの仕事一色の人生から劇的に変化し、色々な趣味に目覚めた参加者もいるという。年齢を気にせず、20代の女子大生との会話がなんの支障もなく成立し、友人関係やそれ以上の関係も生まれる。そんな普通ではあまり目にすることができない空間が、猫町倶楽部の読書会には存在しているのだ。

中宮さんは読書会に関わって、初めて自分が死んだあとのことも考えるようになった。これまでは死んだら終わり、どうなってもいいや、と漠然としか考えていなかった。しかし今では、自分が死んだ後に遺される人たちのことまで思い描くようになった。中宮さんの抱える蔵書は膨大である。そんな膨大な蔵書を読書会で知り合った人たちに遺したい——。そう思って最近、生まれて初めて遺書をしたためたのだという。

どうしようもない孤独感を抱えている人は、勇気を出してとにかく外に踏み出すことが第一歩だと中宮さんは言う。

「孤独死を防止するために、ご近所と仲良くしろとか職場の人と付き合いを、なんて言われますけど、僕はそこから入るのは絶対無理だったと思います。家庭とか職場の人間関係が楽しいという人もいるけど、そんな人間関係がむしろ息苦しく感じる人だっている。猫町倶楽部はそんな人たちのための第三の空間なんだと思います。そういう空間において自分自身は解放されたし、毎日が充実しているんです。僕個人としては、ITなどのシステムに頼るよりも、コミュニケーションを密にするのが合ってる。何かあったら助け合える。そういう人間関係を日ごろから築いていたほうが幸せになれる気がしますね。それは別に誰かと一緒に住まなくたって、一人暮らしでも築けるわけですよ。現実に、僕も築けています。孤独死防止のためにわざわざ無理をしてつながろうという後ろ向きの思考ではなくて、純粋に心地良いと思えるからここにいる。そうしたら、結果として孤独ではなくなっていて、孤独死も防げる環境にいた——。老いも若きも関係なく、孤立している人たちは、そんなふうに考えるのが一番良いんじゃないかなと思います」

中宮さんは、なんでもいいから一歩踏み出すこと、それが人とのつながりを生み出すと強調した。そして、今振り返ってみると、孤立という状況は自分にとっても決して愉快なものではなかったと言う。きっと、肉体的にも心理的にも辛い人が多いはず、と自らの実体験を踏まえて語ってくれた。

本人が社会的に孤立してしまうと、自分自身が辛いだけではなく、周囲にも迷惑がかかってしまう。四六時中ネットに入り浸って気に食わない相手を見つけてバッシングに明け暮れていた、かつての中宮さんがそうだった。そのような荒んだ精神状態と並行して、健康状態も悪化していく……。

それがどんどん昂進すると、自分を認めてくれない社会に憎悪を膨らませ、さらにネット空間だけに救いを求めるようになる。それは負のスパイラルであり、自分も他人も幸せにはならない。そんなふうに中宮さんは感じている。

のめり込んでいる趣味があれば、逆にそれを究めるつもりで同じ趣味の人と接触してみる方法だってある。すると、結果的に何か良いことが起きるかもしれない。人とつながるチャンスを外の世界に能動的に求めていくこと、それが「コミュ障」的な自分の現状から脱する端緒になる。これが中宮さんが長年孤立の中にいたからこそ導き出し得た、至極まっとうな、しかし経験に裏打ちされた結論であった。

このコミュニティでは孤独死は起きない

けれども私はそれ以上に、中宮さんには猫町倶楽部という大きな受け皿があったことが大きかったと感じる。つまり、猫町倶楽部が、中宮さんにとって社会復帰への一種のリハビリ施設として機能していたのだ。

だからこそ猫町倶楽部で中宮さんは排除されずに、自分の居場所を見つけることができたのである。それは換言すれば、どんなことがあっても「ここにいてもいい」という、自分が全面的に肯定してもらえる場であり、情緒面を含めて感情的に安心が得られる場でもあった。


「猫町倶楽部にいたら孤独死は起きないですよ」

猫町倶楽部の主宰である山本多津也さんはこう自信を持って断言する。多津也さんの本業はリフォーム会社の代表である。前述したように猫町倶楽部は2006年、この名古屋の地で多津也さんの手によって生み落とされた。

猫町倶楽部の当初の目的は、経営の勉強のためだった。しかし、多津也さんは、猫町倶楽部を運営していくにしたがって、中宮さんのように社会とうまくなじめなかったり、生きづらさを抱えていたり、孤立している人たちがあまりに多い現実を知るようになる。

「猫町倶楽部に来ている人たちには、寂しい人や孤独な人も多いんです。中宮さんとか天はその典型的な例ですよね。中宮さんだけじゃなくて、プライベートの話を聞くと、天涯孤独な人もいます。中宮さんなんて、猫町倶楽部に来るまでは、しゃべるのはコンビニの店員だけだった。猫町倶楽部で友達というものが一体どういうものか、人間関係の楽しみ方や癒しを初めて発見したんです。そういう人たちって、猫町だけじゃなくて、今の世の中に大量にいる。まだ若くてエネルギーがあればいいけど、30年経ったときに体力も落ちてお金も稼げなくなると、必ず深刻な孤立の問題に直面しますよね。そういう中で猫町倶楽部は、その人たちのセーフティネットになればいいなと思っています。もう今の段階から、明らかにそういうものが求められている感じがするんですよ」

読書会という枠組みを飛び越えた、社会的に孤立した人たちのセーフティネット——。その重要性は、運営者である多津也さん自身が参加者に接していて、痛いほどに感じていることなのである。生涯未婚率が上昇し、離婚も珍しいものではなくなった今、世帯はこれから急増していく。単身世帯自体が孤立に直結しているわけではない。多津也さんの言葉に込められた実感とは、現在だけでなく将来の自分の孤立に関して、潜在的に危機感を持つ人が増えてきているということだ。そんな孤立を危惧する若者たちが、これから歳を重ねても、ずっといられる場所。孤独じゃなくなる場所——。それが多津也さんの理想とする猫町倶楽部の未来像である。

「社会のセーフティネットからあぶれた人たちも、将来読書会に行ってみたら、20代の子もいるし、70代のおじいちゃんもいて、しかもみんな楽しそうにしていて、お互いを支え合っている。そんな場所になったら本当にいいなと思うんです。そんなふうにできたら本当に、素敵だなと思うんですよ」と多津也さんは語った。

しかし、それはただの絵空事ではない。猫町倶楽部ではシェアハウスの構想が出始めているし、現に一つの地域に猫町倶楽部で知り合った人同士が移住するといった現象も起こっている。

多津也さんは、将来に対してそこまで悲観はしていないという。このまま猫町倶楽部が継続していけば、今の猫町倶楽部の若者たちが高齢化したとき、孤独死への対処も自然にやっていくだろうという確信があるからだ。

「猫町倶楽部がこのまま続いて20年経つと、今のコアメンバーが60歳、70歳になるんです。すると、孤独死をどうにかしないとという動きがきっと出てくると思うんですよ。みんなお互いのことには気を付けて、何かあったら駆け付けようということがごくごく自然にできてくるんだと思っているんです。僕がわざわざそんな仕組みを作ろうと思わなくてもね。そういうことが可能な人間関係の濃密さが、すでに今の猫町倶楽部にはあるんです。でも、コミュニティってそういうものじゃないですか。何かルールや制度があるわけじゃなくて、自発的にそれぞれが動くものだと思うんです」

多津也さんは、力強くそう語った。私はふと、ある空想が頭をよぎった。多津也さんによると、名古屋の猫町倶楽部にアクティブに参加しているのは400人、その人数は年々増え続けている。そんな人たちが何十年かして高齢化してきたときに、猫町倶楽部の各種コミュニティがもっと広がっていたら、「猫町タウン」が出現するのも夢物語ではない。高齢になった猫町タウンの住人たちが、読書会という狭い枠を超えて、お互いのことを思いやり、支え合って生活している――。そこには中宮さんのように一人暮らしで、生きづらさを抱えた独身の男性の姿もある。そんな人たちが高齢になっても、毎日楽しそうに猫町タウンの住人たちと交流しながら、自分らしさを発揮して生活している。

街そのものがそんな温かみに溢れている「猫町タウン」――。今の猫町倶楽部を見ていると、そんなコミュニティの実現だって夢ではないような気がする。そこでは孤独死なんて起きようがない。私は、多津也さんの言葉にそんな未来の猫町倶楽部への確信を感じた。

誰かとつながりたいという根源的な欲求

私は、実際に読書会に参加して驚いたことを多津也さんにぶつけてみた。読書会と言うと、本の内容を語り合うものとばかり思っていたら、拍子抜けするほどに全くもってそうではなかった。見知らぬ誰かに自分を語るということ。そしてそれを分け隔てなく認めて、受け止めるということ。それが読書会で行われていることだったからだ。

「そうです。読書会って、結局は自分語りなんです。みんな自分を語りたいんですよ。

積極的に自分のことを語りたいし、それを誰かに聞いてもらうことの中でしか、癒されない部分が絶対にあると思うんです」

多津也さんは、読書会の本質についてこう語る。

「人は、コミュニケーションを取らずに引きこもっていると、自分をアップデートすることはできない。自分の頭だけで考えていると、どうしても病んでしまう。人とコミュニケーションを取るということには、まず自分を承認してほしいという欲求があります。そして、自分の知らない自分を見つけてほしいということもあると思うんです」

どんな本がテーマの読書会でも、結果的に自分語りになると多津也さんは話す。本という作品を媒介にして自分という人間を語るということ。本来、自分語りというものは恥ずかしいものだが、作品に自分を投影することでしゃべることができる。コミュニケーションは苦手、人見知りで自分のPRなんて絶対にできないという人が、本を間に挟むと自分のことをすらすらと話し始める。ワンクッション置いた入り口があるから、生きづらさを抱えた人たちも容易に入っていけるのだ。

猫町倶楽部にやって来る人たちには、人見知りという人も多い。

しかし、読書会は話す題材が決まっているので最初から自分のことを話せてしまうし、課題本によってはテーマがシリアスだったりディープだったりすることもある。そして、読書会という体験によって、自分が思っている自分とは違う、人から見えている自分というものを少しずつ受け入れていく大切さを教えてくれるのだと、多津也さんは言う。その体験は、他者との関わりによってしかもたらされないものだ。

「自分が見ている自分だけでなく、他者から見えている自分。それを良しとしないと人は身動きが取れなくなって苦しくなってしまう。僕はそのことに気付かせてくれるのが、読書会のような人と人との対話だと思うんです。自分の意見にみんなが反応してくれることで、あっ、俺ってそう思われてるんだ、ということに気付いたり、それでいいんだと思ったりする。そこで新たな自分を発見するということにつながるんですね」

多津也さんによると、その自分語り、あるいは自己開示のプロセスにこそ、孤立感を抱える人たちにとって、リハビリ効果があるのだという。

さらに読書会では、今までの自分をリセットして新たな自分として振る舞ってもかまわない。既存の組織の役職に囚われることもないし、誰でも過去の自分に囚われずに、ゼロからスタートできるコミュニティである。新しい自分を発見したことで、それまでの振る舞いをいきなり変えても、恥ずべきことはない。いわば何度も、生き直しやマインドリセットができる。だから、孤立していた中宮さんのような人も入っていきやすい空間なのだ。

そこにあるのは、人とつながりたいという、人間のコミュニケーションに対する根源的な欲求だと多津也さんは感じている。しかし実際は、会社や学校以外の人間関係のつながりは、日本の社会では希薄だという現実がある。例えば平成28年版の高齢社会白書によると、「相談し合ったり、世話をし合ったりする親しい友人がいない」という高齢者は日本では4人に一人。これは米国やドイツ、スウェーデンに比べてもダントツに高い結果となっている。

白書は「高齢者が地域社会から孤立しないよう、社会活動の参加を促す取組や支援が今後より求められる」と警鐘を鳴らしているが、そういった濃密な人間関係が、今の日本社会のどこにあるのだろうか。自分たちの親を見ても、高齢世代がまともに友達を作れていないではないか。

一昔前の世代は高度経済成長の恩恵を受けていたため、終身雇用や手厚い福利厚生とセットになった「社縁」があったし、まだ地域の共同体もしっかりしていたので、世話焼き的な人が立ち回れる「地縁」があった。それらは総じて今日よりも明日が良くなるといった、あくまで経済的な豊かさに支えられたものであって、所属する会社や地域の経済状態が悪くなると、金の切れ目が縁の切れ目となって崩壊していった。つまり、一昔前の世代のモデルは、社宅や企業年金、あるいは社内運動会などに象徴される、会社＝コミュニティであった時代の産物であり、そのころであれば所属先に人間関係も含めて何もかも面倒を見てもらい、多少の人見知りであっても老後が安泰だったのだ。

だが、もはや『三丁目の夕日』のような世界は二度と訪れない。旧世代の人間関係のモデルが役に立たなくなる一方で、社会的な孤立、果ては孤独死という抜き差しならない現実が、若い世代にもじりじりと忍び寄ってくる。これまでも繰り返し説明している通り、今のゆとり世代、団塊ジュニア世代は現役世代よりも圧倒的な孤立状態にある。これからの時代を生きる私たちは、手探りで濃密な人間関係を築かなければならないというハンデをあらかじめ負っている。よく考えてみれば、休みの日にどこか一緒に行くような仲になる友人関係は、社会人になってからだとなかなか作りにくい。

しかし、救いがないわけではない。ちゃんとアンテナを立てて探せば、猫町倶楽部のような場所を見つけられるだろうし、そこに参加すれば濃密な人間関係を得ることもできてしまうのだ。

私が実際に読書会で聞いてみると、全く世代の異なる男性同士が意気投合して、みんなで釣りに行ったり旅行に行ったりしていることがわかった。生まれて初めて親友と呼べるような人を見つけた人もいる。

旧来と比べるとアベコベかもしれないが、猫町倶楽部ではそんな関係性ができることは日常なのだと多津也さんは語る。ここに小さな希望がある。

「よく、読書会はリハビリ施設だと言われます。読書会に参加することによって、最初は挙動不審だった子がニュートラルになっていったりとか、対人関係が苦手だったのが治ったりするのを、僕はずっと見てきました。『私は人見知りで友達が少ないんです』

という人が、猫町倶楽部に参加すると、案外友達をたくさん作っていったりする。対人関係が苦手な人たちばかりを集めたいわけじゃなかったんですけど、結果的に人間関係をこじらせている人が来るんですよ。そんな人たちが猫町倶楽部に入り浸っているうちに、リアルが充実している人間に変化していくということは本当によくあります」

面倒くさいことを引き受ける

しかし、そこに至るまでの道のりは容易ではなかった。中宮さんのような異質な存在が入ってきたときに、メンバーの中で排除しようという動きもあった。それは、他に強烈な個性を持った人が入ろうとした際にも起こったことだった。

これは第四章で木原さんが批判の矛先を向けていた、町内会の老人会などで要援護者が排除される傾向が根強く残っていることと、基本的には同じ種類の現象なのだと思う。

中宮さんが猫町倶楽部に初めて来たときのことを、多津也さんは今でも鮮明に覚えているという。

中宮さんは、かつては運営側が匙を投げるほどの問題児だった。中宮さんが参加を表明すると、その会の参加者が一気に少なくなる。それでも当日、中宮さんが来場すると、一緒のチームになるのを嫌がる人が続出する。しかし、中宮さん本人が述べていた通り、辛抱強く接したのが多津也さんだった。

「一般的なコミュニティが同調圧力で異物を排除しようとするのは自然なことです。それなら僕がずっとフォローしてあげようと思って、完全にみんなに無視されている彼に、ピッタリとくっついてずっと話をしていた。それを1年間ずっと続けました。そういう姿をみんなに見せることで、私たちも無視するわけにはいかないという雰囲気にしていったんです。それで徐々に中宮さんはみんなと仲良くなっていった」

猫町倶楽部が異質な人を排除するという道を選ばなかったのは、多津也さんの人生観や世界観が反映されている。多津也さんは、昔から組織や集団の論理に抑圧される人に対して、シンパシーを抱いていた。そして自らもその抑圧に違和感を感じていたのだった。

コミュニティは、あからさまにいじめてやろうという意識がなくても、なんとなくいづらい雰囲気を作り出して「あなたはメンバーとして好ましくない」という無言の圧力をかける。組織や集団とは本来そういう性質を持っており、共通の敵を作るなどして異質なものを排除しようとするのだ。

しかし、猫町倶楽部のポリシーは、来るもの拒まず、だ。

これは一貫している。だから普通だったら排除されてしまうような、中宮さんのような異質な人がやってきても大丈夫なのだ。

「猫町倶楽部はできるだけ異質なものを受け入れよう、変わった人でも面白がろうという意図に沿って動いているんです。中心のメンバーはこのコンセプトを理解しているので、変わった人が来ても、なんとか面白いところを見つけて面白がるという文化が定着している。ただ、それをやると、当たり前ですが面倒くさいんですよ。単純に同調圧力を認めて仲良しクラブにしているほうが、組織や集団の運営としてはずっと楽なはずなんです」

違和感がある人を面白がるには、能動的な創造性が必要になってくる。多様性多様性とよく言われるが、実際に組織にいたら爪弾きにされる。学校のいじめと同じだ。建前では誰もが賛成するが、具体的な話（自分の職場や学校に……）になると誰もが嫌がる。本音では異質な人と関わるのは、どう考えても面倒くさいからだ。しかし、他人への無関心や面倒くさいという思いが強い限りは、中宮さんみたいな人は孤立し続けるだろうし、孤独死だって減らないだろう。

異質な人を受け入れる場所が一つくらいあってもいい。そう、そんな思いから、猫町倶楽部はどんな人でも受け入れていくという選択をしたのだ。

「そんな面倒くさいことに耐えられるかと言ったら、普通は難しいと思うんですよ。そこでは忍耐、寛容、多面的な物の見方、あらゆる人間力が試されるんですね。確かに面倒くさいけれども、猫町倶楽部くらいはその面倒くさいことをやろう。そう思って今の姿になったんです」

異物である他者と関わることは、面倒くさいことだ。孤独死のあった家の周辺の取材においても、結局は孤立している人と関わると面倒くさいから関わりたくない、という声を何度聞かされたことか。そのような考え方が地域から孤立を生み出してしまう。しかし、その面倒くささをあえて引き受けることを、誰かがしなければならない。多津也さんたちの強い意思によって、中宮さんをはじめ多くの人々の居場所が確保されているのだ。

多津也さんは私に、J・D・サリンジャーの小説『キャッチャー・イン・ザ・ライ』の主人公ホールデン・コールフィールドが作中で話していた「ライ麦畑の捕まえ役」に共感したと言った。『キャッチャー・イン・ザ・ライ』は、17歳の少年ホールデンが大人や社会に対する不信感を抱えながら、様々な人々との出会いや別れを繰り返す中でその心境を少しずつ変化させていく姿を描いた青春小説。世の中のすべてにいら立つホールデンが、唯一なりたいものが、ライ麦畑で崖から落ちそうな子供を捕まえる人間なのだ。

「僕がやっていることは、ライ麦畑を走り回って遊んでいる子供たちが、落ちてしまいそうな瞬間にパッと捕まえて、またライ麦畑に戻すという感覚に近いんです。落ちていく人たちをキャッチしていくということ、そういう意識を忘れずに運営していくことで、猫町倶楽部という組織の懐を深くしていきたいんです」

まさに多津也さんは、社会から零れ落ちそうな人をすくって、もといる社会へと戻しているように見える。そういう見方をすると、多津也さんのようなキャッチャーが今の日本の社会にもっとも欠けているものではないだろうか。

現状はと言えば、キャッチされることなく落下してしまい、命を落としてしまう人がごまんといる。これが年間3万人という孤独死の多さともつながっている。そこには「他の人や社会に迷惑をかけたくない」という気持ちが先行してしまいがちで、助けを求められずに孤立していく私たちの特性があるからだ。

しかし、人に迷惑をかけたくないとはどういうことだろうか。

多津也さんは、人に頼れないということは、人に頼られたくないということを意味しているという。なぜなら、人に頼って助けてもらうと、今度はその人が困ったときに自分が助けなければならず、それでは面倒くさくて割に合わないと感じているからだ。けれどもそれは、頼る、頼られるということを一面的にしか見ていない。

「そういう人は、失敗を失敗としか見ていない。でも失敗には豊かなものも含まれているんです。失ったことで得ることもあるんです。なのに単純化しているから、人に頼ることに抵抗感がある。『相手の人生に頼ると迷惑だから』とか、『その人に頼ると借りを作るようなことになって、それが嫌だ』となる。でも、人間関係では迷惑をかけるということも、完全にマイナスじゃなくて、反対のものも含んでいるんです」

もし孤独死を防止するのであれば、人と積極的に関わることしか解決策はないと多津也さんは語る。自分から積極的にコミュニケーションが取れるような場所を見つけること。孤独死を防止するには、なんとなく居心地が良くて、気心の知れた仲間がいる、そういう場所を自分でなんとかして探すしかない、と。

世代や性別を超えたコミュニティの重要性

多津也さんは東浩紀の『弱いつながり 検索ワードを探す旅』という本を持ち出した。読書会の課題本としても使った本で、ゲストとして著者の東さんを招いたこともあるという。東さんは、この本において、あなたの人生をかけがえのないものにするには『弱い絆』が必要だと書いている。弱い絆とはもともとは、アメリカの社会学者である、マーク・グラノヴェターが73年に発表した「弱い紐帯の強み」という論文から来ている。この論文の中でマーク・グラノヴェターは、自分の家族や親友といった親密な強いつながりよりも、ちょっとした知り合いなどの弱いつながりのほうが、自分にとってははるかに大きな価値をもたらしてくれるという研究結果を発表した。そして、東浩紀はこの弱い偶然の出会いをもたらしてくれる相手こそ、ネットではなくリアルの世界にいるのだと書いている。

「強いつながりというのは、自分に過剰な期待を寄せる人です。あなたに変わってほしくないという気持ちもあるし、あなたはこうあるべきだという過剰な要求をしてくる。猫町倶楽部は、結果的には強いつながりを作るツールではありますが、最初は弱いつながりから始まるわけです。強いつながりばかりに囲まれていると、身動きがとれなくなる。それを打ち破っていくのは、今まで全く関係なかった、自分の属性も過去の履歴も知らない人たちです。その弱いつながりが重要だと思うんです。たまたま猫町倶楽部で知り合った誰かが意外な道を切り拓いてくれたりもする。親友を作るには、強いつながりではなくて、むしろそうではない人に開かれていないといけないと思うんですよ。それが結果的に親友を作ることにつながると思うからです」

友達は、作ろうと思って作れるわけではない。気が付いたら親友になっているのだ。濃密な人間関係を作ろうと思うなら、まずは弱いつながりを作るほうが近道だと多津也さんは話してくれた。

「一つだけ、言わせてください」

多津也さんは、最後にこう言った。

「赤ちゃんって、『自分はここにいてもいいんだ』という安全地帯がないと創造性が育たないんですよ。それは、お母さんという存在です。どんな組織も、だいたいみんなルールで縛るんです。ルールで縛るというのは父親的で、母親的なものは、『何をやってもあなたはここにいてもいい』という肯定です。コミュニティは、母親的なものがベースになってないといけない。『あなたを絶対に排除しませんよ、あなたはここにいていいんですよ』という雰囲気がベースにあるから、そのあとでこれをやったらダメだというルールが効くんですよ」

ここにいてもいい、ということ。そして、異質なものを排除しないということ。誰でも来るものは拒まないということ。

猫町倶楽部へのパスポートは、たった1冊の本を読んでくることだけだ。

そして、相手の意見を否定しないことだけが唯一のルールという、コミュニティとしては相当ゆるい構え方をしている。そこでは年齢も性別も全く問われない。だからこそ、強い。なぜなら、これからの日本ではますます世代や性別を超えたコミュニケーションのあり方が大切になってくるからだ。

そんな猫町倶楽部のようなコミュニティのあり方にこそ、孤独死防止の、ひいてはコミュニティ再生の糸口があるのではないか。私はそんな気がしている。

これまで孤独死について様々な角度から取材をして来たが、案外身近なところに私たちの社会を元気にする種は転がっているのかもしれない。私は、取材の最後にそう考えている。

おわりに　コミュニティに出会うということ

この本の取材に追われる真っ只中の2016年11月17日、岐阜市の住宅街で男女3人の遺体が見つかったというニュースが流れた。この3人は親子で、息子の遺体は死後1週間、夫婦の遺体は1か月以上が経過していた。息子の死因は餓死だという。市の地域包括支援センターの職員が9〜10月に訪れ、高齢者向けの介護保険サービスを案内したところ、父親が利用を拒否していたことなどがわかっている。

報道は、この一家はセルフ・ネグレクトに陥っていた可能性があると伝えている。自宅周辺にもゴミが散乱し、自治会にも入っていなかったらしい。このセルフ・ネグレクトによる孤独死のニュースは、今の日本社会に突きつけられた強烈なメッセージだ。

これは複数人が死亡したため話題になったが、単身世帯の孤独死はもっとありふれたもので、珍しい話ではなくなっている。

私たちが食べたり飲んだり友人と笑い合ったりという日常生活を生きている壁一枚向こうの部屋では、様々な縁から絶たれ、いつの間にか孤立してしまった人が、孤独死と隣り合わせの生活を送っている──。

　それが、今の日本の現実だ。

　このまま無関心を装い続けるのか。それとものっぴきならない現実と向き合っていくのか。賢明な読者には説明するまでもないことだが、私たちの些細な行動の一つひとつ、日常のコミュニケーションの集積が、私たちが今後どんな社会を望んでいるのか、そのアンサー＝答えになるのである。

　私は、もし自分が孤立している立場だったら、ということを繰り返し考えてしまう。今は孤立してはいないが、いつか孤立する側になることだって十分にあり得る話だからだ。もし自分がそうなったら、孤独死という最悪の結末を迎える前に、誰かに手を差しのべてほしいと思う。

　一人で死ぬことが問題なのではない。病室でも旅先でも風呂場でも、一人で死ぬ可能性はいくらでもある。「一人で死んだ末に誰にも発見されない」という事実の背後に浮かび上がる、社会の最小単位である家族や、それをベースにしたご近所付き合いや友人関係などの「なさ」が問題なのだ。

　家族がいても、外部との接点がなければ、岐阜市の事件のような事態に陥るだろう。社会とは要するにネットワークのことであり、すべてが切れ目なくつながっている有機体のことである。細胞が単独で生きてはいけないように、私たちも誰かと寄り添わないと生きてはいけない。

私自身は孤独死の取材を通じて、誰かが「一人で死んだ末に誰にも発見されない」ような社会は望まないし、変えていくべきだとの思いを強くしている。そのために自分自身ができることを考えるようになった。自分でも、将来的になんらかのコミュニティを作れないかと日々模索中だ。それは孤独死を避けるといった消極的な動機のためではない。人と人が出会うということはとても刺激的で、とても面白いことであるはずなのに、それを「受け身」のままでいることにもったいなさを感じたのだ。ケンカをしたり、バカ騒ぎをしたり、ただ一緒に酒を飲んだりするだけで、憂うつな気分や塞ぎの虫が消えたりする。これは私たちの社会が持つもっとも強力な長所であり、魔法だ。

猫町倶楽部のようなコミュニティが孤独死防止のための一つの突破口となることは確かだが、それは決して猫町倶楽部だけではない。同じようなコミュニティやネットワークは、しっかりアンテナを立てて自分から探せば色々なところにあるはずだ。そこには、第二、第三の多津也さんのような包容力を持った人もいて、あなたを受け止めてくれるかもしれない。私たちが考えるよりも社会はもっと大きくて、もっと深いものなのだ。

だから孤独死に怯える人も、一歩前に踏み出してみよう。人と人との関係を築くことに、遅すぎるなどということはない。

「書を捨てよ、町へ出よう」ではないが、この本を閉じたら早速行動しよう。大切なあの人でも、グチを聞いてくれそうなあの人でも、何年か前に会ってそれっきりになっていたあの人でも、一度じっくり話してみたかったあの人でも、誰でも構わないので会いに行ってみてください。

私もこれから誰かに会いに行くつもりです。

文庫版あとがき　コロナ禍を経て孤独死はどう変わったか

本書の執筆を開始したのが、今から9年前――。

月日が流れるのは早い。あれから年号が変わって、令和になった。さらにコロナ禍という大波が世界、そして日本に押し寄せた。それは、誰の生活をも一変させるほどの衝撃的な出来事だった。しかしそんなコロナ禍も過ぎ去り、沈静した兆しもある。

あれから私は、今も変わらず、孤独死の現場に向き合い、取材を続けている。

特殊清掃業者とともに、防護服と防毒マスクを身に着け、夏場は全身から滝のような汗をかきながら現場に立つ。そこでは、顔面に容赦なくぶつかってくるハエや、蛆やゴキブリといった虫との果てなき戦いが繰り広げられている。人型にこびりついた汚染箇所の洗浄を行い、室内に溜まった凄まじい量のゴミを掻き出し、壁紙を剥がす。

一見変化がないように思えるが、コロナ禍において、孤独死の現場は大きく変わった。

コロナ禍は、えてして社会から「取り残された人々」を炙り出すことになったのだ。

遺体の発見期間は、ワンシーズンほど発見が遅れるのがざらになった。つながりを持つものはさらにその関係を深め、持たざるものは、排除され、捨て置かれる——。その究極形態が孤独死である。

ある地方都市の団地で、老年の女性がゴミで転倒して、数か月後に発見された。そこは頭の高さほどに、ごみが堆積していたごみ屋敷だった。匍匐前進してリビングに進むと、巨大な箪笥が二つ、斜めになぎ倒された状態で、頭を出しているのがわかった。いつ崩れて下敷きになるかもしれない、明らかに危険な状態だ。業者によると、これは恐らく東日本大震災の時に倒れたものらしい。社会から孤立していた女性は、この惨状を誰かに相談することもなく、恐らくその気力もなかったのだろう。そしてこの空間で命の危険を感じながらも、ほんの最近まで生活していたのだ。

ある時は、真冬に餓死の現場に立ち会った。最初は、業者から「餓死」と聞いて耳を疑った。それは都内の古い高層マンションだった。その一室のベッドで、ある高齢の男性は、丸まるようにして亡くなっていた。男性は妻と二人で暮らしていたが妻に先立たれ、一気に孤独を深めたようだ。体液は異常なほどに少なく、キッチンなどの状況から、晩年は食事や水分をまともに摂らなかったらしい。冷暖房の設備も無かったことから、男性がこの部屋で、凍えながら餓死したのは明らかだった。

また、新宿区の風呂無しアパートで起こった孤独死現場では、福祉関係者のメモ書きを見つけた。そこには、「コロナ禍なので、訪問を控えさせて頂きます」との一文があった。男性はいくつかの病を抱えていたが、親類縁者や友人もおらず、この福祉関係者が唯一の繋がりだったらしい。そのため遺体が発見されたのは、数か月後だった。それは男性を繋いでいたたった一つの社会との縁が、コロナ禍でプツリと切れてしまったことを示していた。

また、ある時は部屋中のありとあらゆる隙間を、ガムテープで目張りをした異様な雰囲気の分譲マンションで70代男性の孤独死に遭遇した。男性は失業後、部屋に閉じこもるようになったらしい。その部屋は、社会に絶望し、一切の関わりを閉ざした男性の心象を表しているように思えた。

関東地方の閑静な一軒家で孤独死したのは、精神疾患を患っていた50代の女性だ。彼女は、熱中症で命尽きた。女性には家族がいたものの、高齢の父が亡くなり、母が入院していた。一人家に取り残された女性は、不安と絶望の中にあったはずだ。足もとには、「これからどうやって生きていったらいいのだろう」と嘆きが綴られた日記が落ちていた。

コロナ禍において、そんな無数の現場に立ち会った私は、その度に激しく胸が痛んだ。

そこには生前に孤立し、生きづらさを抱え、誰にも頼れずに、その場に崩れ落ちた人々の姿があった。コロナ禍によって、日本の孤独、孤立を取り巻く現状が、最も残酷な形で露呈したのだ。清掃作業の現場に立ち続けながら、私はこの一見便利で快適な社会の水面下で、ジワジワと地盤沈下していく日本の姿を垣間見た気がした。

日本の孤独・孤立を巡る現状にもっと迫りたい。本書を刊行した後の私の中でそんな関心が湧き立ち、『超孤独死社会』(毎日新聞出版)、『家族遺棄社会』(角川新書)を立て続けに出版した。この日本の歪みを、つぶさに表現せずにはいられなかったのだ。取材を続けてわかったのは、孤立、孤独を巡る現象は、何も孤独死だけではなかったということだ。例えば孤立した人々は、引き取り手のない無縁遺骨という形でも現われ、行政は非常に頭を悩ませていたりもする。

そんな日本が抱える孤立の現状とは裏腹に、特殊清掃の技術は日に日に進化している。薬剤の消毒開発が進み、かつてほど時間がかからなくなりつつある。クリーンに孤独死現場の後処理が行えるようになったのだ。中には孤独死防止用の特殊なシートを開発している最中の業者もいるほどだ。ペロリと一枚ビニールを剝けば、それで清掃作業もアッサリと終わり——という時代は、もうそこまで近づきつつある。しかし、そうやって「人の死」をあっという間に短時間で処理できる社会が、果たして望ましいのだろうか。

技術の進化といえば、本書の文庫化にあたり改めて気づかされた点があった。

私は、単行本版の第五章において『ITは孤独死を防止できるか』という章タイトルで、総当たりで、ありとあらゆる見守りサービスを取り上げていた。調べてみると、取り上げた技術の中には進化継続しているものも一部にはあったが、終了しているサービスも多かった。単行本執筆時と比べ、IT技術を駆使した見守りサービスは多様化し、今やスマホやパソコンでひとたび単語を打ち込めば、数秒でいくらでも出てくる。そのため一部を除き文庫では、かなりの部分の掲載を見送ることにした。

考えてみればIT技術は、日進月歩だ。数年経てば、私たちの周囲をとりまく環境はガラリと変わる。一度使い始めた見守りサービスでも、技術の進歩によって、突然パタリと終了してしまう。つまり、いつか「使えなくなる日」が来るかもしれないということだ。

2016年時点では、かろうじて特にガラケーを使った見守りサービスが多かったが、それにまつわるものは、軒並みサービスが終了していた。時代の趨勢によりガラケー自体がかなり駆逐され、スマホに取って代わったこともあるだろう。

そして令和の現在ではAIによる見守り技術が台頭し、注目されるようになっている。そうした令和版の新たな見守りサービスについて改めて紙幅を割くことも考えたが、どうしても気が進まず、見送ることにした。

思い返してみれば、9年前の私は、虫や蛆が溢れる悲惨な現場を目の当たりにして、ショックを受け、何とかしなければと思っていたのだ。孤独死を何とか未然に防ぐ方法はないかと焦っていた。その焦りがたくさんの見守りのIT技術の取材に私を駆り立てたのだろう。もちろんITが人の命を救うこともあるし、今この瞬間も無数の見守りサービスが機能しているのは、いわずもがなだ。

当時30代前半だった私はまだ、この社会がどこに向かおうとしているのか、その全容を摑みきれていなかった。そのため一日でも早く、遺体を発見することが死者の尊厳を守る方法に繫がると感じていた。

しかしそれは、荒波に翻弄される小舟でジタバタと足掻いているだけに過ぎなかった。あれから無情にも月日が流れた。そしてコロナ禍は孤立する人々を、見るも無残な姿で炙り出した。社会から取り残され、置き去りにされた人々、そもそもIT技術にすらたどり着けない人々の存在を、これでもかと私の目前に突きつけた。

そんな今となっては、令和版の新たなITの見守りサービスを本書に羅列し、紹介する気にはどうしてもならなかった。それは孤独死のずっと手前にある、人々の孤立の本質的な解決策にはならないからだ。

それでも、数え切れないほどの孤独死の現場を歩いてきた身として、わずかながらでも希望を示したい——、思いついたのは検索サイトでは簡単に出てこない、水面下での人々のささやかな営みである。本書を書いた後に知り合ったLINE見守りをしている「エンリッチ」の紺野功さんの活動に代表されるものだ。

紺野さんは、いわば「おせっかいおばさん」ならぬ「おせっかいおじさん」である。

孤独感を抱える若者と、下町のオジサンである紺野さんが、LINEを通じて出会い、結びつく――。その一見不思議な繋がりは、まるで「バグ」のようであるが日々の壮絶な孤独死の現場で、殺伐とした気持ちになっていた私にとって、希望が持てるエピソードであった。

LINEを通じた見守りは、いわばIT版のどぶ板だ。IT技術の先にそんな孤独を巡る「バグ」が起こるとしたら、この孤独死大国にも一縷の望みがある。そしてその奇跡こそが、最後に残された可能性かもしれない。私は、やはり人が人を救う物語を信じたいのだ。しかし、今ではそんな私こそが「取り残された人間」の側なのかもしれないが。

IT技術がいくら進化しようとも現状、孤独死大国ニッポンは、令和の今も何一つ変わっていない。あまり知られていないが、日本では2021年、コロナ禍において孤独・孤立対策担当大臣が世界ではイギリスに次いで二番目に発足した。コロナ禍に押し寄せる危機感を国も感じていることの表れだろう。

これから、日本はどんな社会になるだろうか。私は最近ふと、SFのような未来を夢想する。いつか、孤独を癒すのがAIやロボットとなり、遺体の発見も人ではない何者かに取って代わる日が来るのだろうか。その日を見てみたい気もするし、そんな世界に生きていたくないという気もする。

一つ言えるのは死の現場は、けっして嘘をつかないということだ。これまでも、そしてこれからも、死の現場は、私たちの社会の合わせ鏡であり続ける。体力と命の続く限り、私は今後もそんな死の現場に立ち続け、その行く末をこの目で見守っていきたいと思う。

本書は二〇一七年三月に小社より刊行された同名作品に
加筆修正を行い文庫化したものです。

双葉文庫

か-63-01

孤独死大国《こどくしたいこく》
予備軍《よびぐん》1000万人時代《まんにんじだい》のリアル

2024年2月14日　第1刷発行

【著者】
菅野久美子《かんのくみこ》

【発行者】
箕浦克史
【発行所】
株式会社双葉社
〒162-8540 東京都新宿区東五軒町3番28号
［電話］03-5261-4818（営業部）　03-5261-4831（編集部）
www.futabasha.co.jp（双葉社の書籍・コミックが買えます）
【印刷所】
大日本印刷株式会社
【製本所】
大日本印刷株式会社
【カバー印刷】
株式会社久栄社
【DTP】
株式会社ビーワークス
【フォーマット・デザイン】
日下潤一

ISBN978-4-575-71502-6 C0176
Printed in Japan

一八〇秒の熱量

山本草介

37歳までにチャンピオンにならなければ強制引退——崖っぷちのB級ボクサー・米澤重隆に残された時間はわずか9ヶ月。試合一瞬に人生を捧げた男の魂を揺さぶる傑作ノンフィクション。

ざらざらをさわる

三好 愛

日常の中で通り過ぎてきた、ちょっとしたでこぼこを、やわらかな言葉と絵で切りとった著者初のエッセイ&イラスト集。文庫化に際し、書き下ろし5編を収録。

どうしてわたしは
あの子じゃないの

寺地はるな

身寄りのない町で一人小説を書く三島天は、友人のミナから連絡をもらう。中学の頃に書いた、大人になったお互いに向けての「手紙」を開封しよう——。感動の成長物語。